좀비에 대한 깨알 같은 해설서. 다양한 열쇳말로 좀비의 특징을 설명하며, 좀비가 등장하는 영화와 만화 등의 작품들을 정리했다. 동양 좀비라고 할 수 있는 중국의 강시부터 최신 미국 드라마까지 다종의 좀비들을 분석한다.
-　한겨레

대중문화 속 좀비에 관한 지식 사전.
-　경향신문

지극히 소소하며 광적인 책.
-　데이즈드 코리아

동서양을 막론한 '좀비의 모든 것'을 담은 책. 영화뿐만 아니라 소설과 만화, 게임, 음악 등 대중문화 장르에서 창조된 수많은 좀비에 대한 정보를 집대성했다.
-　교보문고 북뉴스

어찌나 리스트가 출중하고 보기 좋게 정리되어 있는지, 영화 제목이나 좀비의 종류를 '가'부터 하' 사이에서 쉽게 찾아볼 수 있도록 했다. 사전 수집가인 당신에게 강추.
-　쎄씨

엽기적인 그/녀, 달콤 살벌한 그/녀에게 '너를/네 취향을 지켜 줄게'라는 의미로 이 책을 선물하는 건 어떨까?
-　채널 예스

사전이란 말이 아깝지 않다. 'ㄱ'부터 'ㅎ'까지 좀비에 대한 모든 것을 책 속에 쓸어 넣었다. 너무 다 쓸어 담아서 앞으로 좀비에 대한 책을 누가 낼 수 있을까 싶을 정도다. 게다가 이 책은 좀비에 관한 가장 훌륭한 영화·문학 가이드이기도 하다!
-　GEEK

좀비사전:
당신이 좀비에 대해
알고 싶은 모든 것

김봉석 · 임지희 지음

propaganda

차례

좀비물이 나오는 영화를 처음 본 건 비디오가 막 보급되기 시작했던, 1980년대 초였다. 다방과 만화 가게에서 비디오를 틀어 주고, 비디오 가게에 가면 당연하게 불법 복사물도 빌려주던 시절. 그때 본 영화들이 조지 A. 로메로의 〈이블 헌터〉와 〈죽음의 날〉, 루치오 풀치의 〈좀비 2〉, 코믹 좀비물 〈바탈리언〉 시리즈 등이었다. 좀비물이라고 하기에는 뭐하지만 H. P. 러브크래프트의 소설을 각색한 〈좀비오〉도 있었다.

알 수 없는 이유로 시체들이 깨어나 사람들을 물어뜯고, 감염된 사람은 다시 좀비가 되며 순식간에 온 세상이 무너져 내리는 영화를 보는 기분은 각별했다. 당시는 노스트라다무스의 대예언이 큰 인기를 얻었던 시절이기도 했으니까. 1999년이면 세상이 망한다는데, 그렇다면 이유는 무엇일까? 거대한 해일과 대지진? 외계인의 침공? 지구의 축이 바뀌고, 행성이 십자가 모양으로 늘어서고, 저 멀리 시리우스에서 외계인이 오는 것보다는 좀비가 좀 더 흥미로웠다. 종말의 원인으로 좀비를 말하는 사람은 없었지만, 영화 속의 좀비는 그 어떤 예언보다 구체적이고 생생한 종말의 기운이었다.

1970년대 공포영화의 주류는 오컬트물이었다. 〈엑소시스트〉, 〈오멘〉, 〈서스페리아〉 등. 그 뒤를 이어 난도질 영화인 〈13일의 금요일〉이 나왔다. 국도극장에서 〈13일의 금요일〉을 보면서 경악했다. 도끼로 사람의 몸이 잘려 나가고, 목이 동강 나면서 피가 솟구치는 광경에 감탄했다. '고어'라는 것에 마구마구 끌려들게 되었다. 불법 비디오는, 어차피 불법이니 검열이 없었다. 일본 사무라이 영화인 〈아이를 동반한 무사〉 같은 영화를 보면, 검으로 사람을 반으로 동강 내고 피가 솟구치는 장면 같은 것이 일상적으로 나왔다. 그것도 좋았지만 좀비영화야말로 아찔했다. 희생자를 놓고 좀

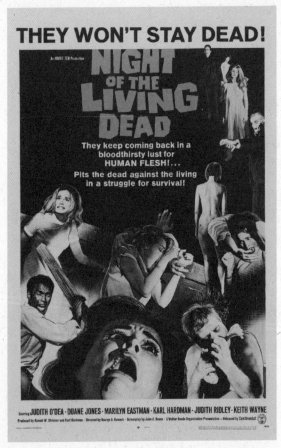

살아 있는 시체들의 밤

비들이 떼로 달려들어 몸을 갈가리 찢어 포식하는 광경. 충격적이었다.

　처음 좀비영화를 봤을 때는 그저 시각적 충격뿐이었다. 현실에서는 절대로 불가능한 살육의 현장, 정글에서나 가능한 맹수들의 포식의 현장. 물론 몇 개의 인상적인 장면들도 남았다. 〈이블 헌터〉에서 좀비 떼가 허청허청 쇼핑몰을 걷는 장면 같은 것이다. 한국에는 쇼핑몰 자체가 존재하지 않았던 시절이라, 거대한 테마파크 같은 쇼핑몰에 좀비가 떠도는 모습은 참 기이한 이미지였다. 뒤늦게 〈살아 있는 시체들의 밤〉을 보면서, 좀비가 사회적, 정치적 혹은 역사적으로 어떤 의미인지 생각하게 되었지만 그건 나중의 이야기다. 좀비물이 가장 기억에 남았던 이유는 그런 압도적인 이미지 때문이었다. 지금 야수처럼 거리를 질주하고, 인간에게 달려드는 좀비 역시 마찬가지다. 좀비에게는 호랑이 같은 맹수의 위엄이 없다. 그들은 모든 것을 파괴하는, 오로지 파괴에만 열중하는 하이에나 같은 존재다.

그러나 세월이 흘러 좀비도 발전했다. 이제 좀비는 어느 정도 의식도 갖고, 사랑까지도 가능한 존재로 그려진다. 여전히 대부분의 좀비는 의식이 없는, 오로지 본능만이 남은 '살아 있는 시체'이지만 '좀비'라는 개념 자체가 점점 확장되고 변주되는 것이다. 마법, 외계인 등의 판타지적인 요소와 뒤섞이기도 한다. 그러다 보니 좀비는 죽음의 공포, 세뇌된 인간, 소외된 존재를 넘어 새로운 종의 가능성은 물론 인간의 진화까지도 의미하는 존재가 되었다. 2000년대 들어서면서 좀비물 자체가 다양한 하위 장르를 가능케 할 정도로 성장했고 '좀비' 자체가 하나의 문화적 현상으로 부각되었다.

그런 이유로 〈좀비사전〉을 쓰게 되었다. 물론 가장 중요한 이유는 좀비물을 좋아하기 때문이다. '어떻게 하면 좀비에 대해 더 쉽고 재미있게 알 수 있을까' 생각하다가 사전 형식으로 가기로 했다. 좀비물은 워낙에 많고, 싸구려도 워낙 많다. 그것들을 다 설명하는 것은 불가능하지만, 그렇다고 중요한 작품만 골라서 이야기하는 것도 아쉬웠다. 게다가 '좀비'라고 말하기는 꺼려지지만, 좀비와 흡사한 존재가 나오는 공포물도 많기에 그것들도 언급하려면 사전 형식이

낮겠다는 생각이 들었다.

〈좀비사전〉에는 빠진 작품들도 많고, 놓친 작품들도 많다. 바람이 있다면 위키피디아처럼 이런 사전이 확장되어 누구나 쉽게 찾아보고 즐길 수 있는 열린 사전이 많이 만들어졌으면 좋겠다는 것이다. 좀비만이 아니라 주류에서 비켜난 수많은 서브컬처의 흥밋거리를 다루는.

김봉석(저자 대표)

좀비

좀비(Zombie)

뱀파이어이나 늑대인간과는 달리, 좀비는 20세기 들어 정착된 캐릭터다. 프랑켄슈타인의 괴물도 근대과학의 발명품이긴 하지만, 골렘(golem)을 비롯하여 영혼이 없는 인형 혹은 괴물은 오래전부터 전해 내려왔다. 부두교에서 실제로 존재했다고는 하지만, 지금같이 사람을 물어뜯고 물린 희생자가 다시 좀비가 되는 캐릭터로 정착된 것은 조지 A. 로메로의 영화 〈살아 있는 시체들의 밤〉(1968)부터였다. 알 수 없는 이유로 무덤 속의 시체들이 깨어나고, 좀비에게 물리면 다시 좀비가 되는 악순환 속에서 사투를 벌이는 사람들의 모습은 끔찍한 공포였다. 그것은 1950년대 유행했던 '외계에서의 침공'에 대한 공포가 내부의 공포로 바뀐 것이기도 했다. 50년대의 공포는 핵전쟁이었고, 평온한 사회를 공격하거나 침투해 들어오는 외계인이나 괴물 혹은 '공산주의자'였다. 하지만 좀비는 세계 어디에나 있는 공동묘지에서부터 시작된다. 눈에 보이지 않는 바이러스에 감염되면 내 곁의 누구나 좀비가 될 수 있다.

'Zombie'를 영어사전에서 찾아보면, ① 죽은 자를 되살아나게 하는 영력(서인도 제도 원주민의 미신), 그 힘으로 되살아난 무의지의 인간, ② (무의지적, 기계적인 느낌의) 무기력한 사람, 멍청이라고 되어 있다. 좀비의 시원은 할리우드 영화에도 자주 등장했던 부두교의 주술이다. 정말로 시체를 깨어나게 하는 것은 아니고, 가사 상태에 빠뜨려 죽은 것처럼 보이게 하는 약을 먹인 후 무덤에서 파내어 노예로 쓰는 것이다. 혹은 저주를 걸어 산 사람을 좀비로 만드는 것이 가능하다고 주장하기도 한다. 애초의 좀비는 카리브해 지역의 원시종교인 부두교의 무당들이 만들어 낸 '시체 같은 사람'을 말하는 것이다.

1932년의 〈화이트 좀비〉, 1943년의 〈나는 좀비와 함께 걸었다〉 등의 고전 공포영화에서는 무당의 저주 때문에 살

화이트 좀비

아 있는 시체가 된 좀비가 나온다. 인간성과 의식이 박탈된 시체 같은 존재를 '좀비'라 칭했고, 시체에 부적을 붙여 움직이게 만드는 중국의 강시(僵屍)와도 다른 형태였다. 〈좀비의 왕〉(1941), 〈좀비의 역병〉(1966) 등에서 조금씩 초자연적인 괴물로 발전해 가던 좀비는 조지 A. 로메로의 〈살아

있는 시체들의 밤〉(1968)에서 공포영화의 캐릭터로 정형
화된다.

조지 A. 로메로는 〈이블 헌터〉와 〈죽음의 날〉로 이어지
는 좀비 3부작에서 좀비영화의 전형을 고안해 냈다. 좀비
들은 어기적거리며 걸어 다니고, 뇌가 파괴되거나 불타지
않는 한 살육을 멈추지 않는다. 좀비의 식량은 인간이고,
좀비에게 물린 인간은 일단 죽었다가 좀비로 깨어난다. 살
아 있을 때의 습관을 되풀이하고, 약간의 학습 능력도 있
다. 좀비가 무적인 이유는, 막강한 파워 때문이 아니라 끊임
없이 숫자를 늘려 가기 때문이다. 인간이 완전히 사라질 때
까지, 좀비는 늘어날 수밖에 없다. 또한 좀비의 공포는, 어
떤 대화도 불가능한 비이성적인 집단이라는 점이다. 살점을
뜯어먹는 잔인한 살육자들. 그것은 십자가로 퇴치할 수도
없고, 제물로 대신할 수도 없다. 최후의 인간을 잡아먹을
때까지 좀비는 포기하지 않는다.

잔인한 고어(gore) 장면으로 유명한 좀비영화가 서구에
서 유독 인기를 얻은 이유에는, 종교적인 이유도 있다. 종말
의 날에 시체들이 깨어난다는 계시록의 구절을 기억하기
때문이다. 좀비의 출현은 바로 종말의 예고다. 인간의 패배
는 이미 결정된 것이고, 천년왕국이 도래하기 전까지 지상
에 남은 모든 인간은 죽음을 맞이해야만 한다. 또한 조지 A.
로메로는 일찍이 좀비영화에 정치적인 의미를 부여했다. 좀
비 3부작의 2편인 〈이블 헌터〉(Dawn of the dead)에서 좀
비들은 쇼핑센터로 몰려든다. 살아 있을 때의 습관을 반복
하는 것인데, 그 모습을 보고 있으면 대량 소비의 물결에서
허우적거리는 현대인을 보는 것만 같다. 폭주족들이 무참
하게 좀비를 박살 내고 괴롭히는 모습을 보면, 한편으론 현
대인이 얼마나 가련한 존재인지 깨닫게 된다. 자신의 주관
도 없이 선전·선동과 광고에 휘둘리고, 끝내는 국가정책과
폭력 범죄의 희생자가 되는 것이다. 좀비는 종말의 날에 깨

어나는 시체들만이 아니라, 지금 각종 이데올로기와 매스미디어에 현혹되어 허청거리며 살아가는 현대인을 은유하는 것이기도 하다.

그렇다면 좀비를 만들어내는 방법이 다시 한번 궁금해진다. 〈살아 있는 시체들의 밤〉에서는 정확히 나오지 않는다. 초기의 좀비영화에서는 부두교의 주술이거나 미친 과학자 또는 나치의 음모로도 나온다. 〈리빙 데드〉 시리즈에는 정부 기관에서 전쟁 무기로 만들어내고 관리하는 좀비가 나온다. 요즘에는 외계에서 온 운석이나 외계인의 음모로 나오기도 한다. 어떤 집단이 꾸미는 음모론일 수도 있고, 탐욕스러운 인간의 자승자박일 수도 있다. 하지만 좀비를 '괴물'로만 취급하는 것은, 그저 살육과 고어 장면을 위한 것이다. 조지 A. 로메로는 〈죽음의 날〉에서 좀비에게 학습 능력을 준다. 좀비를 악령이 아니라, 자연에 돌연히 나타난 또하나의 종으로 본 것이다. 인간, 아니 자연에 대한 신뢰라고나 할까. 〈랜드 오브 데드〉에서는 한 걸음 더 나아가, 좀비를 일종의 '야만인'으로 바라본다. 개화되거나 사라져야 했던 근대의 야만인처럼, 좀비란 존재를 해석하는 것이다.

조지 A. 로메로가 만든 3부작 이후 한동안 소원했던 좀비영화가 부활한 것은 2002년 대니 보일의 〈28일 후〉 덕분이었다. 초자연적인 재앙이나 정부의 극비 실험 같은 애매한 이유가 아니라, 바이러스를 통한 감염이라는 설정을 선보인 〈28일 후〉의 좀비는 야수처럼 뛰어다니며 사람들을 습격했다. 〈이블 헌터〉를 리메이크한 〈새벽의 저주〉 역시 찬사를 받으며 '좀비'의 시대가 도래했음을 예고했다. 그럼에도 조지 A. 로메로는 〈랜드 오브 데드〉에서 자신의 태도를 견지한다. 〈새벽의 저주〉가 스펙터클을 위해 좀비를 뛰어다니게 했지만, 조지 A. 로메로는 전혀 개의치 않는다. 70년대의 좀비 스타일을 태연하게 재현하면서, 정치적인 풍자와 주장을 매끄럽게 선사한다. 그것은 대니 보일이 〈28일 후〉

에서 '분노 바이러스'란 의미를 부여한 것 이상이다. 인간의 본능적인 분노가 세상을 파괴하는 것처럼, 조지 A. 로메로의 좀비영화에서는 '욕망'이 모든 것을 파괴한다. 좀비의 식탐이 아니라, 인간의 탐욕이 종말을 이끈다고 〈랜드 오브 데드〉는 말하는 것이다.

21세기 이후 좀비는 공포영화만이 아니라 주류의 문화적 아이콘으로 떠올랐다. 코믹스 〈워킹 데드〉는 〈쇼생크 탈출〉의 프랭크 다라본트가 제작한 드라마로 재탄생했고, 〈트와일라잇〉 열풍 이후 끊임없이 확장되고 있는 '영 어덜트' 장르에서는 '의식을 가진' 좀비와 소녀가 사랑에 빠지는 〈웜 바디스〉까지 나왔다. 생각 없이 인육을 먹는 종말의 존재가 아니라, 의식을 가진 또 하나의 종으로까지 좀비는 확장되고 있는 것이다. 좀비라는 캐릭터의 특성상 한계는 있다고 생각되지만, 인간을 종말로 몰아넣는 가장 확실한 공포로서 '좀비'는 절대 무적이다. 뇌를 부수기 전까지는 절대 죽지 않고, 단 하나의 인간도 남지 않을 때까지 증식하는 존재. 〈28일 후〉가 등장한 후 영화, 소설, 만화, 게임 등 각종 장르에서 '좀비'는 천변만화로 캐릭터를 확장하며 전성기를 누리고 있다.

강시 僵屍

중국 전설에 나오는, 죽어 있지만 산 것처럼 움직이는 시체를 말한다. '강'(僵)이란 글자에는 '넘어지다'란 의미와 '바로 서다'란 의미가 함께 있다. 즉, 강시는 바로 서 있는 시체라는 뜻. 강시의 외양에는 여러 종류가 있다. 살아 있는 인간과 구분할 수 없는 강시도 있고, 몸에 긴 털이 있거나, 부패 때문에 퉁퉁 부어 있기도 한다. 늘 곧게 서 있기에 부드러운 동작은 불가능하고 계단이나 사다리도 오를 수 없다. 그래서 강시를 피하려면 2층이나 나무처럼 높은 곳으로 올라가면 된다. 하지만 간혹 점프력이 엄청난 강시는 높은 담도 훌쩍 뛰어넘을 정도다. 또한 강시는 살아 있을 때의 체력과 관계없이 엄청난 괴력을 지니고 있다. 햇빛을 싫어하기 때문에 낮에는 다시 관으로 들어가 머문다. 그 때문에 강시가 나갔을 때 관을 가득 채워 두면 다시 들어가지 못한 채 움직이지 못한다. 싫어하는 것은 붉은 콩, 쇳가루, 쌀이다. 강시도 흡혈을 하는데 온 몸의 모든 피를 다 빨아먹는다. 강시를 물리치는 방법은 불에 태우거나 법술에 의지하는 것밖에 없다. 강시가 오래되면 공중을 날기도 한다.

중국의 한 지방에서는 사체를 매장하지 않고 풍장을 하는데 그 이유 중 하나로 강시를 든다. 시체가 뼈만 남은 상태가 되기 전에 장례를 치르면 흉악한 강시로 깨어나기 때문이다. 그 사체는 대지의 기를 얻어 3개월이 경과하면 온몸에 긴 털이 자라나고 강시로 변해 사람에게 해를 끼친다. 사람 이외의 동물도 강시로 변하는 경우가 있다고 한다. 〈강시 선생〉의 첫 장면에는 '도시송시술'(跳屍送屍術)이 등장한다. 중국 서남부 지역에 실제로 있었다고 하는 주술로 멀리서 돈을 벌기 위해 온 사람이 죽었을 때 그 시체를 죽은 이의 집에 운반하는 방법이다. 주술에 걸린 시체는 산 사람과 모습이 똑같고 부패하지도 않는다. 콩콩 튀면서 앞으로 나아간다. 이마에 부적을 붙이면 도사가 명령하는 대로 움직인다.

강시선생 僵屍先生 [영화]

앞으로나란히 자세로 팔을 들고 콩콩 뛰어다니는 강시 붐을 일으킨 영화. 홍콩 무술영화와 무섭기도 하고 어딘가 귀엽기도 한 강시를 조합했다. 음양과 풍수의 조화를 따져 가문을 보호하려는 부잣집에서는 도사를 불러 이장할 묏자리를 알아본다. 도사인 쿄우는 제자 몽, 추우와 함께 무덤을 옮기던 중 시체가 강시가 되어 깨어나면서 소동이 벌어진다. 중국의 강시는 의식이 없고, 사람을 물어뜯으며, 물린 사람도 강시가 되는 등 좀비와 흡사한 모습을 보인다. 도사들은 전쟁터나 거대한 토목공사 현장에서 죽은 사람들을 고향으로 돌려보내기 위해, 시체를 강시로 만들어 이동하기도 했다.▸ 감독 유관위, 출연 임정영·허관영, 1985

강시선생

강시선생 2: 강시가족 [영화]

엄마와 아빠, 아이로 이루어진 강시 가족이 등장한다.▸ 감독 유관위, 출연 임정영·원표, 1986

강시선생 3: 영환도사 [영화]

착한 강시 형제도 나오고, 영환 도사와 흑마술을 쓰는 악당 무리와의 싸움이 주된 이야기.▸ 감독 유관위, 출연 임정

영·오요한, 1987

강시선생 4: 강시숙숙 영화

전편에서 매번 도사 역을 맡았던 임정영이 출연하지 않는다. 평소에 투닥거리던 두 도사가 되살아난 황제 강시와 싸우게 된다. ▶감독 유관위, 출연 우마·전가락, 1988

강시선생 5: 신강시선생 영화

여러 번 낙태되어 악령이 된 아기령과 싸우는 이야기. 강시는 가끔 등장한다. ▶감독 유관위, 출연 임정영·오군여, 1992

강시지존 僵屍至尊 영화

도사들이 귀신을 불러내서 큰 싸움을 벌인다. ▶감독 유위강, 출연 임정영·오가려, 1987

거유드래곤 온천좀비 VS 스트리퍼-5 巨乳ドラゴン 温泉ゾンビ VS ストリッパー5 영화

거유드래곤(만화)

마카모토 레이의 컬트 만화 〈거유 드래곤〉이 원작인 섹시한 좀비영화. 멕시코에서 돌아온 스트리퍼 레이가 온천 지방으로 일을 나가 다른 4명의 스트리퍼와 함께 좀비를 물리친다는 이야기다. 목적이 분명한 B급 좀비영화. ▶감독 나카노 타카오, 출연 아오이 소라, 2010

결사 투쟁 Tooth and Nail 소설

신종 전염병이 미국 전역을 휩쓸고, 사람들이 공격적으로 변하면서 비상사태가 발생한다. 미국은 전 세계에 파견된 군대를 불러들여 중요 시설의 경호를 맡긴다. 이라크에 주둔 중이었던 토드 바우먼은 뉴욕의 중요 시설을 탈환하고, 생존자를 찾는 임무를 맡게 된다. 좀비소설과 영화 〈블랙 호크 다운〉의 이종교배라는 평. ▶크레이그 디 루이 지음

골렘 golem

유대교의 랍비가 만들어낸 흙 인형. 신의 이름을 적은 종이를 혀 밑에 끼워 넣거나 이마에 신의 이름을 새기면 움직인다. 혼이 없고 말을 못 하지만 사람의 명령을 알아듣고 행동한다. 하지만 점점 몸집이 커지고 공격적으로 되는 경우가 많았다고 한다. 1580년, 프라하의 랍비 유다는 유대인들을 보호하기 위한 골렘을 만들었고, 제2차 세계대전 당시까지 존재했다는 말이 있다. 살아 있는 시체가 아니기 때문에 좀비라고 말하기는 힘들지만, 이후 〈프랑켄슈타인〉 등 생명체를 창조하는 미친 과학자 이야기에 영향을 끼쳤다. 체코의 시인 야로슬라프 브르홀리츠키는 신의 영역을 침범하여 생명을 창조한 죄로 처벌받는다는 내용의 시 "골렘"을 썼다. 소설로는 구스타프 마이링크의 〈골렘〉이 있다. 골렘을 소재로 한 영화는 독일, 프랑스에서 만들어진 적이 있고 〈엑스 파일〉 4시즌 15화에 등장하기도 했다.

지금은 주로 TV와 비디오용 영화를 만드는 감독이 되었지만, 메리 램버트도 한때는 기대주였다. 마돈나의 "Border-line", "Like a Virgin", "Like a Prayer"의 뮤직비디오로 이름을 날린 메리 램버트는 러셀 멀케이, 데이비드 핀처 등과 함께 영화계로 뛰어든 뮤직비디오 출신 감독이었다. 자신이 죽은지도 모른 채 세상을 떠도는 여인을 몽환적으로 그려낸 〈시에스타〉는 논란의 여지가 있었지만 꽤 독특하고 매력적인 작품이었다.

스티븐 킹의 소설 〈애완동물 공동묘지〉를 각색한 〈공포의 묘지〉는 메리 램버트의 최고작이다. 〈공포의 묘지〉는 뮤직비디오 감독이 단지 영상 스타일만이 아니라 정서적인 스토리텔링에도 능숙할 수 있음을 보여 주었다. 루이스 크리드는 교외에 가족이 살 집을 마련하는 데 성공하지만 이사한 후에야 문제가 있음을 알게 된다. 집 앞의 국도는 수많은 트럭이 쌩쌩 달리는 곳이고, 뒤편에는 애완동물 묘지가 있다. 첫날부터 아들 게이지가 트럭에 치일 뻔하고, 딸 엘리는 그네에서 떨어진다. 루이스는 우연히 인디언의 신성한 묘지에 대해 알게 된다. 그곳에 죽은 시체를 묻어 두면 살아난다는 마을의 괴담까지. 엘리가 아끼는 고양이가 사고로 죽자, 루이스는 딸을 위해 인디언 묘지를 사용하기로 한다.

〈공포의 묘지〉는 정공법으로 간다. 죽은 사람이 살아 돌아온다는 것은 과연 행복한 일일까? 돌아온다 해도, 그의 영혼은 그대로인 것일까? 좀비영화에 흔히 나오는 곤혹스러운 장면은, 사랑하는 누군가가 좀비가 된 순간이다. 그를 죽일 것인가, 죽임을 당하여 나 역시 좀비가 될 것인가? 〈공포의 묘지〉도 동일한 조건이지만 더욱 처절하다. 좀비는 어쩔 수 없는 결과다. 좀비에게 물리는 것은 일종의 재난이고, 운명이다. 하지만 〈공포의 묘지〉에서는 루이스가 모든

공포의 묘지

결정을 해야 한다. 그를 살릴 것인가, 말 것인가. 루이스는
정말 진지하게 고민한다. 그리고 아들을, 부인을 땅에 묻는
다. 인디언 묘지에 아내를 묻고 돌아온 루이스는 부엌에서
홀로 술을 마신다. 이미 알고 있다. 아내가 돌아오면 어떤
일이 벌어질 것인지, 자기가 어떻게 될 것인지. 그러나 사랑
하는 이를 잃고, 그대로 살아갈 수는 없다. 그것이 지옥이
라면, 기꺼이 받아들이겠다는 태도로 절망적인 선택을 한

다. 그 매혹적인 순간을, 메리 램버트는 황홀하게 그려 낸다. 그 장면의 처절한 이미지만으로도 〈공포의 묘지〉는 볼 가치가 있다. ▶감독 메리 램버트, 출연 데일 미드키프·드니즈 크로스비, 1989

괴시 怪屍 영화

한국에서 만든 좀비영화. 중국인 강명이 우연히 만난 수지와 함께 강원도로 가다가 검은 옷의 괴물에게 습격을 당한다. 그들은 수지의 형부가 괴물이고 이미 사흘 전에 죽었다는 사실을 알게 된다. 강명은 한국과 미국, 중국이 합작으로 실험하는 초음파 송신기가 신경이 남아 있는 시체의 뇌에 작용하여 깨우는 것이 아닌가 생각한다. 에로와 공포가 적당히 뒤섞인 잡탕영화. ▶감독 강범구, 출연 유광옥·강명·홍윤정, 1980

구마도장 驅魔道長 영화

죽은 선교사가 드라큘라로 부활하는데, 십자가를 들이대면 강시로 변하기도…. ▶감독 우마, 출연 임정영·우마, 1993

구울 Ghoul

'구울'은 묘지 주변을 배회하며 인간의 육체를 먹는 괴물로 알려져 있다. 구울의 뜻은 '움켜 잡는'(seize)이다. 이슬람 국가 주변에 널리 퍼진 민담인데, 묘지 주변을 다니며 시체를 뜯어먹는 하이에나 같은 들짐승이 원형이라고 한다. 탈무드의 고대 마법서인 〈벤시라의 알파벳〉에서는 구울의 아버지가 아담, 어머니가 릴리스라고 설명한다. 아담과 첫 번째 아내 릴리스 사이에서는 수많은 귀신과 괴물이 태어난 것으로 알려져 있다. 구울은 물리적인 형태를 가지고 있고, 무덤에 있다가 지나가는 행인을 공격한다. 때로는 어두운 곳에서 붉은 빛을 번뜩이는 위협적이고 사악한 무리로, 때로는 미라처럼 온몸에 흙과 지저분한 붕대를 감고 느릿느릿 움직이는 모습으로 묘사된다. 빛에 민감하여 지하에 살고, 해가 진 뒤에 활동하기 때문에 뱀파이어와도 유사성이 높다. 마법의 능력도 있고, 생김새가 지저분하고 괴력을 지니고 있다. 사람의 썩은 시체를 먹고 파티를 벌이기도 한다. 때로 구울의 외양은 검은 두건을 뒤집어쓰고 있는 것으로 표현되는데, 얼굴이 있어야 할 자리가 비어 있다. 〈반지의 제왕〉 등 판타지에 등장하는, 두건을 쓰고 있지만 얼굴이 없는 악의 존재는 구울에서 발전한 것이다. 배트맨의 스승이자 적수인 라스 알 굴의 '알굴'은 구울을 지칭하는 아랍어다. 그리고 '악마의 머리'라는 뜻의 '라스 알 굴'(Ra's al Ghul)은 페르세우스자리의 베타별에 붙여진 '악마별'이라는 의미를 가지고 있다. 현재에는 알골이라고 불리는 이 별의 힘이 강해지면 나쁜 일들이 벌어지고, 사악한 주술과 연관되어 있기에 아랍의 천문학 책에서는 일부러 '알골'이라는 이름을 빼기도 한다. 헤이즈 헌터가 연출하고 보리스 카를로프가 주연한 〈구울〉(The Ghoul, 1933), 영화 역사상 최악의 감독으로 일컬어지는 에드워드 우드 주니어의 〈시체 도둑들의 밤〉(Night of the Ghouls) 등이 구울을 소재로 만들어진 영화다. 〈시체 도둑들의 밤〉은 1960년대에 제작되었지만 후반 작업을 끝내지 못해 1983년에 개봉되었고, 이후 컬트영화로 받들어졌다.

국제정치 이론과 좀비 Theories of International Politics And Zombies 도서

미국의 정치학자 대니얼 W. 드레즈너(Daniel W. Drezner)가 쓴 정치학 서적. 국제정치에 대한 다양한 이론들을 좀비의 등장에 대처하는 가상의 이야기로 흥미롭게 풀어낸 국제정치학 입문서. 전형적으로 재미없는 국제정치학의 무대에 대중문화의 아이콘인 좀비를 등장시킨 점이 특이하지만,

독자들의 흥미를 유발하기 위한 소재만으로 활용한 것은
아니다. 이는 인육을 먹으며 무서운 속도로 개체를 증식하
는 좀비의 상징성이 국제 관계를 역동적으로 설명하는 데
더없이 좋은 소재이기 때문이다. 저자 대니얼 W. 드레즈너
는 터프트 대학교 플레처 법률 및 외교학 대학원의 국제 관
계학 교수이며 외교협회와 좀비연구학회 회원, 미국의 격
월간 외교전문지 〈포린 폴리시〉의 객원 에디터다. 2011년
미국 프린스턴 대학교 출판부에서 출간되었고 한국어 번역
판은 2013년 출간되었다. ▶대니얼 W. 드레즈너 지음

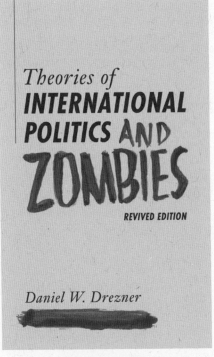

국제정치 이론과 좀비

귀타귀 鬼打鬼 [영화]

홍금보를 스타로 만든 영화이자, 홍콩 영화에서 처음으로
강시를 등장시킨 것으로 알려진 영화. 두 도사가 싸움을 벌
이면서 불러온 귀신이나 영혼을 사람의 몸에 집어넣어 싸
우는 마지막 결투는 명장면이다. ▶ 감독 홍금보, 출연 홍금
보·임정영, 1980

나는 살아 있다 [드라마]

2011년 12월 11일, MBC가 방영한 2부작 드라마. 좀비문학상 수상작인 〈잿빛 도시를 걷다〉(황희 작)를 바탕으로 만들었다. 정선경, 백도빈 등이 출연했다. 뇌사에 빠진 친어머니를 돌보느라 남편에게 기죽어 사는 아내 수연(정선경)은 선천적으로 심장이 약한 딸 선혜, 그리고 남편과 함께 어머니의 병문안을 간다. 종합병원인 그곳은 환자들을 치료하는 일반 진료와 함께, 비밀리에 군부대와 협력해 비밀 실험을 하고 있다. 우연한 기회에 '주입하면 사체를 움직이게 할 수 있는 약품'을 입수한 군이 이를 군사적 목적으로 이용할 가치가 있는지 인체 실험을 원했던 것. 이야기가 다 그렇듯 실험 단계에서 살아 있는 군인이 이 약품에 예기치 못하게 오염되어 순식간에 병원은 좀비들의 천국이 되어 버린다. 수연은 딸과 어머니, 그리고 스스로를 지키기 위해 분투를 시작하지만 쉽지 않다. 뇌사 상태로, 호흡기에 의존해 숨을 쉬는 것만 가능했던 어머니가 어느새 일어나 앉아 있다. 어머니는 깨어난 것인가, 오염된 것인가. 모성은 좀비의 두려움마저 극복할 수 있는 강력한 무기인가. 좀비에게 사유의 가능성이 아직 남아 있는가. 여러 가지 질문을 던져 주는 작품. '한국 최초의 좀비 드라마'에 박수를 보내는 의견과 '좀비물의 기본 설정마저 무너뜨리는 엉성한 작품'이라는 견해가 분분하다. ▸ MBC

나는 전설이다 I Am Legend [소설] [영화]

1954년 처음 출간된 리처드 매드슨의 단편소설 〈나는 전설이다〉는 그동안 〈지구 최후의 남자〉와 〈오메가 맨〉으로 두 번 영화화되었고 〈나는 전설이다〉는 세 번째 작품이다. 정확히 말하면 〈나는 전설이다〉의 괴물은 좀비가 아니라 흡혈귀다. 빛을 무서워하고, 낮이 되면 나오지 못하는 존재. 하지만 〈나는 전설이다〉가 묘사한 흡혈귀는 무리를 지어 다니면서 사람의 피와 육체를 탐하는 모습이 좀비와 꼭 닮아 있다. 영화 〈나는 전설이다〉에서는 바이러스의 감염으로 인해 수많은 사람이 죽어 가고, 살아남은 이들은 변종 인류가 되었다고 말한다. 과학자였던 네빌은 애견과 함께 생존자를 찾으면서, 바이러스를 치료하기 위한 백신 실험을 계속한다. 그리고 밤마다 몰려드는 흡혈귀들의 습격을 이겨 내고 외로움 속에서 홀로 살아남아야 한다. 영화 〈나는 전설이다〉는 단순하게 백신을 만들어 내기 위해 헌신하는 네빌의 모습을 강조한다. 결말도 그렇다. 백신을 만드는 데 성공하고, 인류를 구한 '전설'로 기억된다는 것. 하지만 원작의 결말은 정반대다. 〈나는 전설이다〉가 말하는 것은, 인류를 구하는 전설 따위가 아니다. 홀로 남은 네빌은 변종 인류와 싸우면서 외로움에 시달리고, 마침내 생각한다. 나는 왜 저들과 싸우는 것일까? 어쩌면 저들이 정상이고, 내가 비정상인 것은 아닐까? 마지막 장면에서 네빌은 흡혈귀들에게 사로잡힌다. 그리고 처형되면서 생각한다. '그래, 또 다른 시작인 거야. 죽음 속에서 태어난 새로운 공포. 영원의 요새를 정복한 새로운 미신. 나는 이제 전설이야.' 원작에서 '전설'의 의미는, 우리가 생각하는 태곳적 신들의 이야기 같은 것이다. 크로마뇽인에게 밀려난 네안데르탈인이거나. 네빌은 자신이 홀로 살아남는 것이 어떤 의미가 있는지 생각한다. 나 혼자 남아서 '괴물'인 저들과 싸운다. 나는 용기 있고, 위대하다. 그런 의미에서도 일종의 전설이겠지만, 진짜 의미는 역사 속에 스러져 간, 과거의 종족을 대표하는 '전설'이다. 영화는 그 전설의 의미를 단순한 영웅주의로 전락시켰다. ▶ 리처드 매드슨 지음, 감독 프란시스 로렌스, 출연 윌 스미스·앨리스 브라가, 2004

나는 좀비와 함께 걸었다 I Walked with a Zombie 영화

〈제인 에어〉의 플롯을 서인도제도에 옮겨 놓으면서, 전통적

인 부두교의 좀비를 등장시킨 고전 공포영화. 젊은 간호사 베시는 농장주의 아내인 제시카가 열병으로 인한 정신적 혼란에 빠져 있다고 생각한다. 그 병을 고치기 위해서 베시는 부두교의 도움을 얻기로 결정한다. 부두교로 대표되는 카리브해의 초자연적이고 원시적인 정서와 로맨틱하지만 비극적인 연애담이 뒤엉키면서 두려움과 슬픔을 안겨 준다. ▶감독 자크 투르네, 출연 제임스 엘리슨·프랜시스 디, 1943

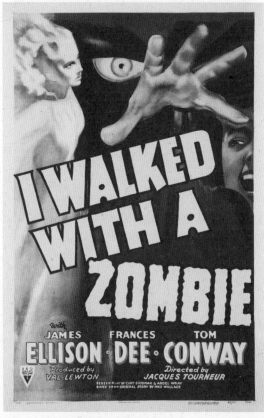

나는 좀비와 함께 걸었다

나이트 슬래셔 Night Slasher 게임

좀비나 흡혈귀 등의 몬스터를 잡는, 오락실에서 많이 보이는 벨트 스크롤(몬스터를 다 잡으면 다음 지역으로 넘어가는 방식) 액션 게임. ▶데이터 이스트, 아케이드

너의 뇌에 대하여 Re: Your Brains 음악

너의 뇌에 대하여

조나단 콜튼(Jonathan Coulton)이 2006년에 발표한 노래. 본인 스스로 '긱(Geek) 록' 뮤지션이라 이름 붙이고 꾸준히 앨범을 발표하고 있으며 2006년 8월부터 12월까지 'Thing a Week' 시리즈로 봄, 여름, 가을, 겨울 콘셉트로 4장의 앨범을 잇따라 발표했다. "Re: Your Brains"는 이 시리즈 중 두 번째 앨범에 수록된 곡. 그중 가장 많이 알려진 곡 중 하나다. 앨범 부클릿에는 ':'이 빠진 채 인쇄가 됐다. 뮤직비디오는 스톱모션 애니메이션 기법으로 제작되었으며, 어쩌다 좀비가 된 주인공(조나단을 꼭 닮았다)이 이웃집 창가에

다가가 꼬마에게 좀비가 된 자신의 신세를 한탄하며 뇌 좀 먹자고, 들여보내 달라고 노래한다. 가사는 좀비의 입장을 잘 요약해서 보여 준다. '우리가 원하는 건 너희들 뇌를 먹어치우는 게 다야 / 우린 부당하게 굴진 않아, 아무도 너희들 눈알은 먹지 않을 거란 말이야 / 우리가 원하는 건 너희 뇌를 먹는 게 다야 / 우리는 교착 상태에 빠져 있어. 그러니 타협이 필요하겠지 / 그러니 문을 열어줘 / 너희 뇌를 먹어 치울 테니까.' ▶ 조나단 콜튼

네크로맨서 Necromancer

죽은 사람을 살려내고, 죽은 자의 영혼과 대화할 수 있는 능력을 가진 마법사. 연금술과도 관련이 있다. 기본적으로 연금술에서는 인체와 영혼의 연성도 가능하다고 생각하기 때문에. 다만 아라카와 히로무의 〈강철의 연금술사〉에 나오듯, 인간의 연성은 연금술 중에서도 최고도의 능력을 필요로 하고 그 대가도 상당할 수밖에 없다.

다 · 라

다이어리 오브 데드 Diary of the Dead 영화

영화감독 조지 A. 로메로의 시체 3부작에 이어지는 이야기가 아니라 일종의 스핀오프(spin-off) 작품. 교외로 좀비영화를 찍으러 갔던 대학생들이 진짜 좀비를 만나게 된다. 당장 상황이 위급한 순간에도 그들은 카메라를 놓지 않는다. 당대의 유행에 맞춰 주관적 카메라 시점으로 좀비를 담아내려 했다. 하지만 결과는 부진했고, 느리게 걸어 다니는 좀비는 무섭다기보다 지루했다. ▶감독 조지 A. 로메로, 출연 미셸 모건·조슈아 클로즈, 2007

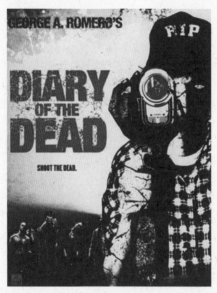

다이어리 오브 데드

담피르 Dhampir

뱀파이어와 인간 사이에서 태어난 아이를 이르는 말. '밤피르'라고도 한다. 물론 여기서 뱀파이어가 여자일 확률은 없다. 걸어 다니는 시체인 뱀파이어가 어떻게 생명을 잉태할 수 있겠는가? 인간의 힘으로 죽이기 힘든 존재인 뱀파이어를, 담피르는 보다 쉽게 죽일 수 있다. 태생이 그러한 탓인지 뱀파이어를 감지하고 찾아내는 데 특기를 발휘하며 뱀파이어 퇴치를 업으로 삼아 생활하는 자들이 대다수. 담피르가 죽으면 뱀파이어가 된다. 기쿠치 히데유키의 인기 소설이자 동명의 극장판 애니메이션으로도 제작된 〈뱀파이어 헌터 D〉의 주인공, D가 바로 담피르다(흔히 '던필'로 이름이 알려져 있지만 이는 일본어를 번역하는 과정에서 잘못 전해진 것이며, '담피르'가 옳은 표기다).

당신의 모든 순간 만화

강풀의 대표작 '(순정만화) 네 번째 시리즈'라고 예고편에서 알렸으나 1화 마지막 부분, 피칠갑을 한 좀비 떼가 등장하며 시작부터 대반전을 보여 주었다. 때는 2011년 12월 31일 타종 행사를 보고 신년을 만끽하기 위해 종로 일대에 구름같이 모여든 사람들. 새해의 소망을 빌고 더 좋은 일만 있으라는 훈훈한 덕담이 오고가는 그때, 비명 소리가 귓가를 때린다. 사람이 사람을 뜯어 먹고, 뜯어 먹힌 사람이 또 다른 사람을 뜯어 먹는 낯선 광경. 인파가 몰린 종로 한복판에 좀비가 나타난 것이다. 어디서? 어떻게? 왜? 중요하지 않다. 지구 종말의 해라 불리던 2012년이 되자마자 좀비 사태가 벌어졌고, 뒤에 살아남은 사람들의 이야기로 초점이 맞춰진다. 두려움에 떠는 소시민들과 느긋한 정치인들, 어쨌든 백신은 개발이 되었지만 효과도 장담하지 못하는 데다 공급은 절대적으로 부족하다. 높으신 분들이 느긋한 데는 다 이유가 있는 거다. 국가 행정 기능은 대부분 정상적으로 돌아가고, 피해는 애꿎은 시민들만 입는 형국. 좀비들은 영화 〈황당한 새벽의 저주〉만큼이나 전투력이 떨어진다. 느리게 움직이는 것은 물론이요, 빛이 사라지면 어디로 가야할지도 모른다. 추위에도 약해 눈이 쌓이니 눈이 온

몸을 뒤덮을 때까지 그대로 서 있다. 그러니 앞서 언급했듯 좀비에 초점을 맞추지 말고 생존자들의 심리와 좀비 사태 이후 벌어지는 사회, 정치적 이슈에 집중할 필요가 있다.▶강풀 지음

당신이 좀비에 대해 알고 싶은 모든 것 Everything You Ever Wanted to Know About Zombies 소설

좀비의 기원과 신화 등 각종 정보를 알려 주는 핸드북.▶매트 모크 지음

대학로 좀비 습격사건 소설

좀비균을 배양한 미치광이 과학자 때문에 대학로에 좀비가 등장한다는 소설. 암울하지 않게 유머를 섞어 가며 인간의 그릇된 욕망 때문에 빚어진 참극을 신랄하게 풍자한다. 흥미진진하게 진행되는 초반에 비해 후반부의 힘이 약하다.▶구현 지음, 2009

더 군: 불행한 나날들 만화

〈심슨가족〉, 〈헐크〉 등으로 유명한 작가 에릭 파월의 작품. 늑대인간, 유령, 조류마녀, 물고기인간 등 각종 괴물들이 인간과 공존하는 론니 스트리트. '이름 없는 사제'가 이 거리에 좀비 군대를 이끌고 오면서 원래 이 지역을 관리해 오던 라브라지오 패밀리의 '군', 그리고 군의 단짝 '프랭키'와의 전쟁이 시작된다. 갑자기 툭 튀어나오는 블랙유머가 압권인 본격 성인코믹스. 〈더 군〉(The Goon)이 미국에서 큰 인기를 누리자 2008년 성인 애니메이션 제작에 돌입한다. 제작사는 블러 스튜디오, 감독은 무려 데이비드 핀처(David Fincher). 그런데 웬걸, 자금난으로 몇 번이나 제작이 중단되고, 재개되길 반복 중이다. 2010년 개봉을 목표로 야심차게 제작에 착수했지만 자금줄이 마르는 덴 당해낼 길이

없었다. 나온다는 소문만 무성한 채 시간이 흘렀고, 마침내 2012년 소셜펀딩 사이트 킥스타터(kickstarter.com)에 〈더 군〉의 제작을 위한 펀딩 페이지를 개설한다. 목표 액수는 40만 달러. 다행히 목표 액수가 채워져 다시 제작할 수 있게 됐다. 피가 튀고 블랙유머가 난무하는 좀비와 괴물의 전쟁, 영상으로 보고 싶지 않은가? ▶에릭 파월 지음

더 서펜트 앤 더 레인보우 The Serpent and the Rainbow

하버드 대학의 민속식물학자 웨이드 데이비스(Wade Davis)가 자신의 경험을 토대로 쓴 논픽션 소설. 그는 좀비화 과정을 과학적으로 연구해 보커('보커' 항목 참조)가 약물 두 종류를 이용해 멀쩡히 살아 있는 사람을 가사 상태로 만들어 좀비로 부릴 수 있다고 주장했다. 아이티에서는 이런 식으로 만들어진 좀비들이 농장주들에게 노동자로 팔려 가는 범죄가 지금도 성행하고 있다고. 웨이드 데이비스 교수의 저서를 바탕으로 만든 동명의 영화도 있다. 웨스 크레이븐 감독의 1988년 영화로 한국에서는 〈악령의 관〉이란 제목으로 개봉했다. 보스턴의 한 제약 회사는 아이티에서 의사의 사망 선고를 받고 장례까지 치른 시체가 7년 후 살아서 발견된 믿기 힘든 사실을 알게 되고, 부두교 연구에 사로잡힌 과학자 '앨런'에게 일을 의뢰한다. 아이티로 가 되살아난 시체(그러니까, 좀비)의 진실을 조사해 달라는 의뢰를 받은 앨런은 여의사 마리엘과 함께 곧장 아이티로 건너간다. 그곳에서 죽었다 살아난 사람들을 만나고, 좀비는 부두교에서 사용하는 신비한 약물에서 비롯되었음을 알게 된다. 어디까지나 실제적 연구 자료에 바탕을 둔 영화다 보니 살아 있는 사람을 향한 식욕만이 남아 있어 필연적으로 살육 파티가 벌어지기 마련인 여타 좀비물과는 조금 다른 면모를 보인다.

더 좀비스 The Zombies

1962년 영국에서 결성, 1968년 해체한 5인조 록밴드. 비틀즈와 동시대에 활동했다. 단지 동시대에 활동하기만 한 게 아니라 꽤 인기 있었다. 비틀즈나 비치보이스와 같은 전설적 밴드까지는 아니지만 귀에 착 붙는 멜로디, 도발적이면서도 일견 소울풀한 보컬이 화제를 모으며 "She's Not There", "Tell Her No", "Time Of The Season" 등의 히트송을 남겼다. "Tell Her No"는 브리티시 인베이전의 공신 중 하나로 꼽히는 곡이며 특히 "Time Of The Season"의 경우 밴드가 해체하고도 2년여의 시간이 흐른 1969년에 돌풍을 일으키며 영국을 넘어 미국에서도 큰 인기를 누렸다.

더 좀비스

더 호드 The Horde 영화

갱단에게 죽은 동료의 복수를 위해 경찰들이 고층 아파트에 있는 갱단의 소굴을 습격한다. 하지만 공격은 실패로 돌아가고 오히려 갱단에게 잡혀 버린 경찰들. 그 와중에 좀비들이 나타나기 시작하면서 아파트 안은 아수라장이 된다. 바깥으로 도망치려 보니, 이미 곳곳에서 연기가 자욱하고 세상은 난장판이 되었다. 전형적인 좀비영화의 공식대로 어떻게든 좀비들을 뚫고 나가려고 애쓰다가 하나둘 잡아먹힌다. 전형적인 스토리이지만 나름 액션은 훌륭하다. 제대로 훈련을 받은 경찰과 무지막지한 갱단이 좀비와 싸우는 것이기에 그야말로 화끈하게 좀비들과 '맞짱'을 뜬다. 21세기 들어 잔혹한 공포영화가 종종 등장하는 프랑스에서 만든 좀비영화. ▶ 감독 야닉 다한·벤자민 로셰르, 출연 클로드 페론·장 피에르 마르탱, 2009

데드 걸 Dead Girl 영화

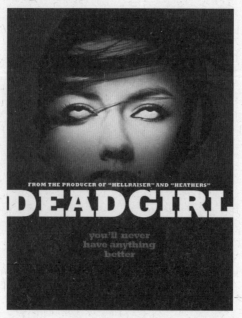

FROM THE PRODUCER OF "HELLRAISER" AND "HEATHERS"

DEADGIRL

you'll never
have anything
better

데드 걸

좀비이긴 하지만 덜 썩은 젊은 여성을, 한창 성적 충동이 강한 10대 소년들이 만나면 어떻게 될까? 〈아메리칸 파이〉를 악몽으로 전환시킨 듯한 느낌의 〈데드 걸〉은 10대 소년들이 우연히 폐쇄된 정신병원에서 좀비 여성을 발견하고 섹스의 도구로 삼는 영화다. 좀비와 섹스를 하는 소년이 있고, 그를 이해할 수 없는 소년도 있다. 결말은 인과응보. ▶감독 마셀 사미안토·가디 하렐, 출연 실로 페르난데즈·노아 시건, 2008

데드네이션 Dead Nation 게임

싱글 플레이가 기본이지만 네트워크 연결을 통해 2인이 함께 플레이할 수 있는 좀비 액션·슈팅 게임. 황폐화된 도시, 게임을 시작하자마자 어떤 게임보다 압도적인 수의 좀비가 쏟아져 나온다. 쿼터뷰 시점(대각선 방향 위에서 넓은 거리 전체를 내려다보는 시점)으로 보이는 풍경은 가히 압도적이다. 쏟아지는 좀비 떼를 향해 거침없이 총질을 하면 된다. 주변 좀비들부터 소탕하며 안전지대로 간 뒤, 그곳에서 소지하고 있는 장비를 업그레이드하며 게임을 진행하면 된다. 좀비를 무찌를 때마다 돈을 받으니 열심히 무찔러서 무기의 능력치를 업그레이드하자. 불편한 점이 있다면 캐릭터의 레벨업에 따라 무기의 강도도 같이 업그레이드되는 것이 아니라, 각각의 무기를 따로 업그레이드해 줘야 하므로 초반에는 한 무기만 골라서 집중적으로 능력치를 향상시켜야 한다는 점. 라이플, 산탄총, 기관단총, 권총, 수류탄 등 다양한 무기가 있는데 조작도 쉬워 간편하게 플레이할 수 있다. 다만 머릿수로 우세를 점하려는 좀비는 스테이지를 진행할수록 기하급수적으로 증가하는 데다가 특별한 능력을 가진 특수 좀비도 가세하므로 지도를 잘 살피며 주변 지형지물을 이용한 전략을 잘 짜야 한다. 주유소가 있다면 앞에 버려진 차를 맞춰 대규모 폭발을 일으킨다든지, 도로 표지

판을 맞춰 스리쿠션으로 좀비를 무찌른다든지, 게임 내 모든 요소를 사용해 좀비를 소탕할 수 있어 자유도 높은 게임으로 평가받는다.

또 하나 이 게임의 특이한 점은 전 세계 유저들이 게임을 얼마나 하느냐에 따라 자기 국가에 있는 좀비 수치를 줄일 수 있고, 이 수치에 따라 국가별 랭킹이 매겨진다는 것. 덕분에 단순한 좀비 대학살을 넘어 국가 안보를 책임진다는 사명감(?)도 느낄 수 있다. PSN(PlayStation Network)을 통해 세계 각지에 존재하는 동맹군의 성적도 알 수 있고, 자신이 좀비 퇴치에 얼마나 기여했는지도 확인 가능하다. ▶하우스마퀴

데드네이션

데드 데이즈 [웹툰]

2014년 7월 연재를 시작해 2015년 11월, 총 60화로 완결된 네이버 일요웹툰. 흔히 상상할 수 있는 좀비를 물리치고 살아남는 좀비 아포칼립스물이 아닌, 지구 멸망 이후 살아남은 사람들의 마음속 욕망과 진실에 대해 파고드는 이야기다. 좀비 바이러스가 세계에 퍼지고 나흘 후가 작품 전개 시점인데, 바이러스가 퍼지며 사람들이, 주변 환경이, 사정이 시

시각각 변해 가는 모습을 관찰자 시점으로 보여준다. ▶DEY
지음

데드 라이징 Dead Rising 게임

2006년 9월 발매된 XBOX360용 액션 게임. 초기 기획 단
계부터 일본 내수 시장보다 북미 시장을 노리고 제작된 게
임이다. 포토 저널리스트인 주인공이 거대한 쇼핑몰 안에
서 좀비와, 좀비 때문에 착란 상태에 빠져 인간에게 해를
끼치는 인간 등과 싸우며 생존해야 한다. 그를 구조할 헬리
콥터가 도착하는 것은 72시간 후. 특정 시간에 맞춰 특정
장소에 도착하면 자동으로 이벤트가 발생하고, 지각하거
나 실패하면 그 이후의 메인 미션들도 자동으로 취소되므
로 유저는 끊임없이 캐릭터를 바쁘게 움직여야 한다. 물론
메인 미션들이 취소된다 해도 즉시 게임이 끝나는 건 아니
지만, 배드 엔딩에 가까워진다. 게임에서의 24시간은 실제
플레이 시간 2시간에 맞먹는다. 이 게임 역시 좀비 물량 공
세로 유명한데, 게임 속에서 72시간, 즉 6시간 정도 플레이
한 뒤 죽인 좀비의 수를 확인하면 1만 마리는 거뜬하다.

특히 전투 배경이 쇼핑몰이라는 점이 게임에 소소한 재
밋거리를 더해 준다. 일단 영화 〈이블 헌터〉(Dawn of the
Dead)를 연상시키는 배경으로 인해 다양한 좀비영화의 오
마주가 등장한다. 좀비영화를 좋아하는 사람이라면 플레
이하며 웃을 수 있는 요소가 상당하다. 조지 A. 로메로의
작품을 좋아한다면 더더욱. 또한 쇼핑몰에 입점한 다양한
가게에 진열된 상품 전부를 무기로 사용할 수 있다. 스나이
퍼 라이플, 프라이팬, 술, 장난감 물총 등 집어 드는 즉시 그
것이 무기. 식료품점에서 음식을 주워 먹으면 HP(체력 포
인트)를 회복할 수 있고, 시간이 남아 적적할 땐 의류 상점
에 들어가서 옷을 마음대로 갈아입을 수도 있다. 경험치는
좀비를 죽이거나, 생존자를 도우면 얻을 수 있다. 그런데 생

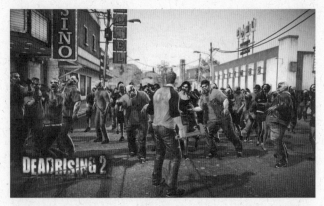

데드라이징

존자도 다양한 부류가 있어서, 구해 줬다고 해서 누구나 다 고마워하진 않는다. 되레 화를 내기도 하는데 이때 플레이어는 생존자를 죽이는 것도 가능하다. 'GTA'(가장 자유도 높은 게임으로 평가받는 게임 중 하나로 플레이어의 선택에 따라 모든 게 용인된다. 심지어 어떠한 강력 범죄라도 모조리)를 연상케 한다.

게임 내에서 주어지는 도전 과제가 재미있기로 유명한데, '동시에 8명 이상의 생존자를 호위', '볼링공으로 10마리 이상의 좀비를 날려 버리기', '쇼핑몰의 모든 음식을 맛보기', '쇼핑몰 내의 모든 옷 입어 보기' 등이 있다. 후속작인 '데드 라이징 2'는 2010년 9월 PS3, XBOX360, PC용 게임으로 발매됐다. ▶캡콤

데드 셋 Dead Set [드라마]

같은 이야기라면, 미국 드라마는 가급적 순화시켜 만들고 영국 드라마는 한발 더 나간다. 2008년 5부작으로 제작, 방영된 드라마 〈데드 셋〉은 실제로 영국에서 방영했던 서바이벌 리얼리티 프로그램 〈빅브라더〉를 끌어와 극중 배경으

로 쓴다. 〈빅브라더〉의 출연자들은 세상이 좀비 천지가 된 것도 모른 채 촬영에 임하다가, 스튜디오로 스멀스멀 다가온 좀비에게 한 명씩 물어 뜯겨 좀비로 변하는 사람들이 늘어 가자 드디어 말세가 도래했음을 깨닫고 어떻게든 살아남으려 애쓴다. 〈빅브라더〉는 지원자가 완벽하게 외부와 격리된 공간에서 함께 생활하며, 매회 다수결로 한 명씩 탈락시키고 최후의 1인이 1억 파운드라는 거금을 상금으로 획득하는 프로그램이다. 〈빅브라더〉라는 이름답게 지원자의 일거수일투족은 세트 곳곳에 설치된 카메라 그리고 다른 지원자들에게 감시당하고, 노출된다. 사생활, 말 한마디 한 마디가 전파를 타고 전국으로 방송되는 부담을 지고서라도 상금도 쥐고 명성도 얻고 싶은 자들, 그리고 이 쇼를 기획하고 만들어 가는 스태프는 스튜디오 밖이 좀비 세상이 된 이상 누구도 스튜디오에서 나갈 수 없다. 극도의 스트레스를 주는 상황 속으로 사람을 몰아넣고 각종 인간 군상의 저열하고 이기적이지만 가끔은 배려와 희생정신도 발휘하는 본성을 여과 없이 보여 주는 TV쇼. 여기에 참여한 모두에게 주어진 감당할 수 없는 미션은 '인간으로서 살아남아라'. 재밌어라 찍어대던 촬영감독도 이 거대한 '쇼'는 피해 갈 수 없고, 잔심부름이나 하고 직장 상사에 대한 분노가 머리에 꽉 찬 여직원도 자신의 생존을 위해 무슨 짓이든 해야 한다.

극한 상황에 처하면 인간의 사회적 가면은 처참하게 벗겨져 내동댕이쳐진다. 최고 책임자가 책임을 회피하고 숨어 버리거나, 돌연 한 사람을 마녀사냥으로 몰아 무리에서 왕따시키거나, 혹은 자기만 살기 위해 본 것도 못 봤다고 거짓말하는 경우가 생긴다. 안 그래도 〈빅브라더〉 출연자들은 프로그램의 재미를 위해 각양각색의 인간들을 모아 놓았는데, 여기에 한 성질 하는 쇼비즈니스계 인물들까지 가세하는 형국. 상황은 아수라장, 바야흐로 혼돈의 막이 오른다. 멋대로 문 열고 도망가다가 죽는 사람, 왕따를 당한 분

함을 참지 못하고 다 같이 죽자고 좀비 들어오라며 문을 열
어젖힌 사람, 이런 상황에서도 공주 대접 받고 싶은 사람….
드라마의 결말은 자못 우울하고, 예측 가능하다. 〈데드 셋〉
이 말하고 싶었던 건 어쩌면 좀비가 득세하는 세상에서 인
간이 살아남는 법이 아니라 인간의 추악한 본성이 아닐까.
덧붙여, 실제 〈빅브라더〉의 진행자인 다비나 맥콜이 드라마
속 〈빅브라더〉에서도 진행자로 나온다.▶E4, 2008

데드 스노우 Dead Snow 영화

부활절 휴가를 즐기기 위해 산을 찾은 의대생들이 나치 좀
비와 만나 싸우는 노르웨이 영화. 과거 독일과 러시아가 싸
울 때 독일군의 주요 거점이었다는 설명이 나오지만 이야
기 짜임새는 엉망이다. 고어 장면들은 볼만하다.▶감독 토
미 위르콜라, 출연 샤롯 프로그네르, 2009

데드 스페이스 Dead Space 게임

눈부신 발전으로 인류는 우주에서도 살 수 있게 됐다. 하지
만 무분별한 개발 때문에 화석연료를 비롯한 모든 자원이
고갈되고 만다. 인류의 편의를 위해 개발한 해로운 화학물
질 등으로 오염된 지구는 온난화가 급속도로 진행돼 해수
면이 상승하며 대재앙을 맞는다. 이에 인류는 분열이 야기
할 2차·3차 피해, 즉, 전쟁을 막기 위해 국경을 없애고 지구
연합 정부를 만들기에 이른다. 국적은 의미가 없어지고, 각
지역은 섹터(Sector)라는 호칭으로 불린다. 그런 노력에도
불구, 자원 부족이 촉발한 지구와 우주 콜로니 간의 갈등
은 나아질 기미가 보이지 않고 결국 자원 전쟁이 발발한다.
그 직후, 일본 출신의 우주물리학자 이시무라 히데키가 '쇼
크포인트 드라이브'라는 워프 기술을 개발, 이를 이용해 더
먼 우주로부터 자원 채취가 가능해지자 전쟁은 잠시 휴전
에 들어간다. 이시무라 히데키는 영웅이 되었고, 후에 그의

데드 스페이스

이름을 딴 초대형 채굴선 '이시무라 호'가 만들어진다. 이시무라 호로 외우주까지 진출이 가능해지고, 외우주의 탐사 중요성이 부각되면서 초대형 기업인 C.E.C가 설립된다. 시간은 흘러 2508년, C.E.C에 한 통의 구조 요청 메시지가 도착한다. 지구로부터 수백 광년 떨어진 이지스 항성계에 있는 행성, 이지스7로 채굴을 떠난 이시무라 호에서 온 것이었다. 니콜 브래넌이라는 여성이 보낸 그 메시지를 마지막으로 이시무라 호의 연락이 끊긴다. 이에 C.E.C는 구조팀을 편성, 이지스 항성계로 급파한다. 구조팀에는 구조 요청 메시지를 보낸 니콜 브래넌의 연인인 시스템 엔지니어 아이작 클라크가 있었다.

이시무라 호에 도착한 구조팀은 선내에서 아무런 연락이 없다는 것에 의아해하면서도 점검, 수리에 들어간다. 아이작을 제외한 나머지 팀원들이 함 내의 손상 정도를 파악하던 중 갑작스러운 시스템 이상으로 전원 격리된다. 그와 거의 동시에, 정체불명의 괴물 네크로모프의 습격을 받는다. 아이작 역시 자신을 공격하는 괴물로부터 도망치며 곧 깨닫는다. 함 내에는 생존자가 아닌 시체들만 가득하다는 것을. 간신히 네크로모프의 공격으로부터 살아남은 동료들과 연락을 취한 아이작은 선내에 무슨 일이 일어났는지 조사하는 동시에, 연인인 니콜을 찾아 나선다.

여기까지가 '데드 스페이스'의 기본 줄거리다. 마치 잘 만든 영화 전반부를 보는 듯한 착각이 들 정도로 구성이 촘촘하고 현실성도 갖추고 있다. 플레이어는 아이작을 움직여 함 내를 탐험하며 좀비를 무찌르고 니콜을 찾는다. UI를 최소화한 점, 편리한 내비게이션 시스템을 탑재한 점, 간편한 조작, 게다가 5.1채널 입체음향 시스템을 채택해 다채로운 배경음악과 음향효과를 들으면서 실감나게 플레이할 수 있다. "데드 스페이스는 헤드폰을 쓰고 플레이하면 몰입도가 두 배"라는 말이 괜히 나온 게 아니다. 잔혹한 호러액션 게임임을 감안, 공포는 소리에서부터 시작된다는 지점을 잘 활용했다.

폭력성과 몰입도는 '데드 스페이스' 시리즈의 두 가지 화두다. 게임 오프닝 장면에는 누구가 잘 알고 있는 곡인 '반짝반짝 작은 별'이 음산하게 흐르고, 산처럼 쌓인 시체 더미 옆에서 아이작이 네크로모프에게 무참하게 난자당하는 장면을 보여 준다. 이 오프닝은 게임의 방향을 단적으로 보여 준다. SF 배경, 디스토피아적 세계관의 고어물. 2013년 시리즈 3편이 출시됐다. ▶ 비서럴 게임즈

데드 아일랜드 Dead Island 게임

파푸아뉴기니 제도, 가상의 섬 바노이를 무대로 좀비 사냥에 나선다. 모든 미션을 클리어하면 헬기를 타고 바노이 섬을 탈출할 수 있다. 2013년 발매 예정이 잡힌 두 번째 시리즈는 헬기를 타고 바노이 섬에서 탈출에 성공했지만, 헬기가 착륙한 군함에도 바이러스가 퍼지고, 곧 인근 다른 섬들까지 바이러스가 퍼지며 다시 생존자들은 지옥을 헤쳐 나가야만 된다는 스토리. 섬 내에 있는 리조트, 도심, 정글, 형

무소 등 다양한 지형지물, '섬'이라는 지정학적 특수성에 기인한 기상 변화로 인한 전술의 다각화 또한 필요하다. 초기에는 플레이 도중 치명적인 버그가 많이 발생해 '버그 아일랜드'라는 원성을 듣기도 했다. ▸테크랜드

데드 얼라이브 Dead Alive 영화

지금은 〈반지의 제왕〉의 감독이지만, 과거에는 〈데드 얼라이브〉, 〈고무인간의 최후〉 등 코믹 호러의 제왕이었던 피터 잭슨의 걸작. 아들에게 집착하는 어머니가 수마트라 원숭이에 물려서 시름시름 앓다가 좀비가 되어 버린다. 주변 사람들이 하나둘 좀비가 되어 가는 와중에 거대한 파티가 시작된다. 당시 공포영화 사상 가장 많은 피를 썼다는 것으로 유명했고, 피가 튀면서도 웃음을 참을 수 없는 스플래터 영화의 고전으로 남았다. ▸감독 피터 잭슨, 출연 티모시 발므·엘리자베스 무디, 1993

데드 얼라이브

데드 프론티어 Dead Frontier 게임

MMORPG(멀티플레이 온라인 롤플레잉 게임) 웹게임. 홈페이지(deadfrontier.com)에 접속해 계정을 생성하고 '유니티 플레이어'를 다운로드 받으면 바로 실행할 수 있다. 계정의 모든 정보는 웹에 저장되며 싱글 플레이도 가능하지만, 웹게임의 특성상 오프라인 상태에서는 게임을 실행할 수 없다. 플레이를 시작하면 20가지의 직업 중 캐릭터를 선택해 좀비와 맞설 수 있다. 농부, 과학자, 의사, 요리사, 기술자, 권투 선수, 군인, 경찰, 소방관, 학생, 사이보그 등이 있는데 직업마다 특성이 달라 플레이어의 스타일에 따른 선택의 폭이 넓다. ▶ 크리키 코프스

데미지 오버 타임 웹툰

2014년 6월부터 2015년 7월까지 0화와 완결 후기 포함 총 54회 차로 완결한 만화가 선우훈의 데뷔작. 엄청나게 큰 유성우가 세계 각지에 떨어지고, 이후 좀비가 창궐하면서 고립된 군부대 이야기를 다룬다. 작품은 특이하게도 도트를 찍어 그린 작화 때문에 고전 게임의 한 장면을 보는 듯한 착각을 불러일으킨다. 도트의 퀄리티는 '만화작품'으로 보기에 손색없을 정도의 높은 퀄리티이지만, 도트인 만큼 각 캐릭터들의 구분은 힘들다. 군대 내 생활, 군대 내에서 일어나는 일과 업무 등 세세한 부분까지 충실한 고증으로 사실감을 더했다. ▶ 선우훈 지음

데블스 브레스 Devil's Breath

흰독말풀 나무의 씨앗에서 추출한 스코폴라민을 가리키는 말. 스코폴라민은 강력한 환각 작용을 일으키는 맹독성 물질이다. 남아프리카와 콜롬비아 등 남미에서 급속도로 확산되고 있는 이 마약은 흡입하면 자신의 의지와 무관한 행동을 하며, 정신을 차린 뒤에는 자신이 저지른 행동을 기억

하지 못한다고 하는데 이런 반응을 '좀비처럼 움직인다'고 말한다고. 콜롬비아 말로 흰독말풀(borrachero)은 '당신을 취하게 한다'는 뜻이며, 콜롬비아에서는 오래전부터 부모가 자녀에게 "보라체로 밑에서 절대 잠들지 말라"는 교육을 할 정도로 그 위험성이 널리 알려진 식물이다. 냉전 시대에는 상대 진영 스파이의 자백을 받아낼 때 이 약물을 사용하기도 했다. 이 흰독말풀에서 추출한 스코폴라민은 즉각적이고 강한 약효, 특유의 냄새가 전혀 없는 등의 특징으로 데이트 강간이나 강도 등의 강력 범죄에도 자주 악용되고 있다.

데블스 플레이그라운드 Devil's Playground 영화

〈데블스 플레이그라운드〉에서는 제약 회사에서 신약 실험을 하다가 부작용이 발생하여 좀비화가 시작된다. 약 때문인지, 이 좀비들은 〈28일 후〉의 뛰는 좀비를 넘어 엄청난 점프에 멀리뛰기까지, 거의 야마카시(맨손으로 건물이나 담장을 오르거나 뛰어넘는 엑스스포츠)에 가까운 몸놀림을 보여 준다. 부작용이 나타나지 않은 유일한 여성 안젤라를 찾아 내려는 제약 회사 측과 어떻게든 살아남으려는 안젤라와 그녀의 친구들이 좀비와 벌이는 사투가 흥미진진하다. ▸ 감독 마크 맥퀸, 출연 대니 디어·크레이그 페어브라스, 2010

데스 밸리 Death Valley 드라마

'데스 밸리'는 미국 캘리포니아 중부 모하비 사막 북쪽 지역에 자리한 깊고 건조한 분지다. 미국 본토에 있는 국립공원 중 가장 넓은 면적을 자랑하며 겨울과 이른 봄에만 방문이 가능한데, 4월이 지나면 기온이 섭씨 50도에 육박해 더위를 견디기 힘들기 때문이다. 험난한 지형과 적응하기 힘든 기후 때문인지, '데스 밸리'라는 어울리는 이름을 갖게 됐

데스 밸리

는데, 지금부터 얘기하려는 드라마 〈데스 밸리〉와는 캘리포니아주를 배경으로 하는 것 말곤 하등의 관계가 없으니 이 설명은 미국 여행을 갈 때를 빼고는 잊어도 무방하다.

1년 전부터 스멀스멀 좀비, 뱀파이어, 늑대인간이 캘리포니아 샌 페르난도 밸리에 출현하기 시작한다. 어디서, 어떻게 이 괴물들이 샌 페르난도 밸리에 나타나게 됐는지는 아무도 모르지만, 일단 사람들을 해하는 것들이 나타났으니 시민을 보호하고 이를 격퇴할 전담팀이 꾸려진다. 경찰열두 명이 둘씩 파트너를 이뤄 총 여섯 팀으로 구성된 괴물처리전담반(Undead Task Force, 일명 UTF)이 생기고, 시민들의 제보를 받으면 달려가 처리한다. UTF의 활약상을 방송국 카메라가 따라다니며 리얼리티 TV쇼로 만들어 방송하는데 〈데스 밸리〉는 촬영 현장까지 보여 주는 액자식구조의 드라마다.

등장하는 괴물들의 특성을 설명하자면, 먼저 좀비는 보통 우리가 생각하는 좀비의 모습 그대로다. 살아 있는 사람이 좀비에 감염되어 막 좀비가 되었을 때는 민첩한 행동을 보이지만 시간이 지나며 부패가 진행될수록 점점 움직임이 느려진다. 물론 좀비 백신 같은 것은 없기에 한 번 물리면 100퍼센트 좀비가 된다. 뱀파이어는 사고(思考)를 할 수 있고, 좀비를 수하로 부릴 수 있다. 〈데스 밸리〉 속 세계에서 주로 일어나는 일은 범죄자들의 그것과 별반 다를 게 없다. 강도들이 돈을 훔친다면 뱀파이어는 헌혈하려는 사람들을 대거 훔치거나(?) 혈액 은행을 털고, 매혹적인 외모를 바탕으로 성매매를 하며, 마시면 환각 현상을 일으키는 뱀파이어의 피를 마약처럼 판매한다. 늑대인간은 보름달이 뜰 때만 늑대인간으로 변신하여 난동을 부리기에, 한 달에 두 번만 조심하면 인간들과 함께 생활하기에 큰 무리가 없는 종족들이다. 좀비와 뱀파이어는 완전히 목숨을 끊어 버리는 조치를 취하지만 늑대인간의 처치는 주로 마취총으로 행해진다. 왜, 동물원에서 곰이 탈출하면 마취총을 쏴 잠재운 다음 도로 우리에 넣지 않던가.

UTF의 뒤를 쫓으며 그들의 활약상을 카메라에 담는 방송국 측은 사살 장면이나 경찰의 언행을 여과 없이 방송에 내보내는데, 시간이 흐를수록 방송 수위는 점점 높아진다. 처음 UTF가 꾸려져 출동했을 때 어렵게 일을 처리하고, 비위가 상해 토하는 비교적 인간적인(?) 모습들이 카메라에 담겼다면, 꽤 시간이 흘러 일에 익숙해진 UTF는 총격전을 벌이며 시시껄렁한 농담을 하고, 온몸에 피와 체액을 뒤집어쓰며 육탄전으로 좀비를 처치한 뒤 "점심은 타코를 먹어야겠는걸?"이라며 여유를 보인다. 친분이 있는 사람, 심지어 촬영하던 카메라맨이 감염되어 괴물이 되어도 서슴없이 처리해 버리는 모습까지도 방영된다. 일이긴 하지만 씁쓸하다고 생각하는 것도 잠시, 어느새 그들의 블랙유머에 중독되어 낄낄거리게 된다. 좀비를 죽인다는 게 실수로 노인을 죽이는 사고가 벌어지는데, 상황이 상황인 만큼 해당 팀원의 면직은 피하지만 UTF의 괴물 사살 절차가 복잡해진다. 그 때문에 관할서 부서장이 괴물 처리 허가 서류를 꾸미다가 좀비에게 잡히는 일이 생기기도 한다. '적법한 절차'

의 명과 암을 이런 식으로 보여 주다니. 어떤 날은 폭탄을 몸에 두른 좀비 떼가 우르르 몰려든다. 좀비를 이용해 괴한들이 UTF를 습격한 것이다! 자신들의 이익을 위해서라면 두려움의 존재도 활용해 먹는 인류는 진정 만물의 영장인가. 괴물과 인간이 한데 사는 샌 페르난도 밸리의 일상은 1시즌 열두 개의 에피소드로 완결되었다. DVD로도 출시되었다. ▶MTV

데이 오브 데드 Day of the Dead 영화

〈13일의 금요일〉 2, 3편과 〈하우스〉, 〈워락〉 등 한때 전문 공포영화 감독이었던 스티브 마이너가 〈죽음의 날〉을 리메이크했다. 〈아메리칸 뷰티〉의 미나 수바리가 나옴에도 영화는 재미가 없다. 원작의 지하 벙커 대신 공포영화의 주요 무대인 시골 마을이 나온다. ▶감독 스티브 마이너, 출연 미나 수바리·닉 캐논, 2008

도라에몽: 노비타의 바이오해저드 게임

만화 〈도라에몽〉의 세계관과 캐릭터를 '바이오해저드' 시리즈에 적절히 끼워 맞춘 일본의 아마추어 동인 게임. 'www42.atwiki.jp/nobitahazard-wiki'가 본 배포처이며 제작자는 'aaa'란 닉네임을 사용하는 일본인이다. 한글화 버전도 있는데 aaa와 닉네임 '알퓌지'라는 사람이 공동 작업했다. 오리지널 버전이 인기를 끌며 스크립트를 베껴 무단으로 개조한 버전들이 나돌았지만 aaa 측이 오히려 개조를 장려함으로써 많은 파생 버전이 생겼다.

도로헤도로 ドロヘドロ 만화

쇼가쿠칸에서 발행하는 만화 잡지 〈월간 IKKI〉에 1999년부터 장기 연재 중인 만화. 〈도로헤도로〉는 '진흙 구정물'이라는 의미. 거칠고 독특한 그림이 일품이다. 작가는 만화를 연재하며 "이 만화는 어떤 곡에서 영감을 받아 태어났다. 가사는 굉장히 어둡고 흉폭하지만 멜로디는 춤을 추고 싶을 정도로 즐거운 것이었다. 이런 이미지와 내가 좋아하는 것을 다양하게 섞어 만든 것이 지금의 〈도로헤도로〉다"라고 말한 바 있다. 작품 속에 사탄 숭배 콘셉트의 록 음악 문화가 녹아 있고, 주요 인물들이 하나같이 당연하다는 듯 마스크를 쓰고 있는 점 등을 들어 팬들은 비슷한 콘셉트의 밴드 슬립낫(Slipknot)의 어떤 곡에서 영감을 받은 것이 아닐까 추측한다.

인간, 마법사, 악마가 간단하게 서로의 세계를 오가며 때론 뒤섞여 지내는 가상의 세계를 배경으로, 마법사에게 당해 기억을 잃고 머리마저 파충류로 변해 버린 카이만이 인간 친구 니카이도의 도움을 받아 잃어버린 과거와 원래 모습을 되찾기 위해 살아가는 이야기를 다루고 있다. 〈도로헤도로〉에 나오는 마법사들은 보통 떠올리곤 하는 마법사들과 능력도, 모습도 전혀 다르다. 우선 한 마법사는 보통 한 종류의 마법밖에 쓰지 못하는데, 이는 태어날 때부터 머릿속에 있는 작은 악마 모양의 종양이 어떤 성분을 담고 있느냐에 따라 결정된다. 마법은 검은 연기를 손가락이나 입 등으로 뿜어 사용한다. 평소에는 인간 사회와 마찬가지로 각기 일정한 거주지와 직업을 가지고 생활한다. 이들이 인간세계에 가고 싶을 때는 보통 두 세계를 잇는 '문'을 통해 이동하거나 마법 실력이 월등한 경우 개별적으로 문을 만들어 이동하는데, 초보 마법사들은 이 문으로 인간 세계에 들어가 인간들을 대상으로 무차별적으로 마법 연습을 해 사람을 이상하게 변형시키거나 때로 죽이기도 한다.

여기서 인간 세계는 '홀'이라 불린다. 홀은 비교적 쾌적한 마법사들의 세계에 비해 슬럼가의 분위기를 풍기는데, 암울한 거리 풍경만큼이나 기이한 모습의 사람들이 거리를 활보하는 것을 어렵지 않게 목격할 수 있다. 마법사들의 마법 연습에 당한 피해자들이다. 피해자들을 전문적으로 치료하는 마법 피해 병동도 있지만 제대로 치료되는 경우는 드물고, 마법으로 죽어 버린 일반인들은 마법 시에 뿜어대는 검은 연기가 하늘을 가득 메워 홀에 뒤틀림이 생기면 좀비가 되어 부활한다. 정기적으로 좀비를 사냥하는 서바이벌 대회가 열리는 것은 마법사들이 마법 피해자를 끊임없이 만들어 내기 때문. 이 세계에서 인간은 가장 하등한 존재와 다름없는 것이다.

악마들 또한 기존의 상상을 뒤집는 모습인데, 이들은 마법사들에게 마법사의 상징인 가면을 만들어 주거나, 그 외 카운슬링 활동, 콘서트까지 여는 인텔리이자 비교적 온화한 성정을 가진 집단이다. 처음부터 악마로 태어난 존재가 있고, 마법사에서 악마가 되는 경우가 있는데, 후자는 악마가 될 가능성이 있는 마법사를 눈여겨본 악마가 그 마법사를 인공적으로 '악마화'시킨 것이라 악마가 그를 다시 마법사로 '강등'시켜 버릴 수도 있다.

모습과 기억을 잃어버린 카이만은 '이게 다 마법사 때문'이라며 함부로 마법 연습을 일삼는 마법사들을 처치하는 데 온 힘을 쏟는다. 마법사를 잡아서 자신의 과거에 대한 실마리를 조금씩 찾아 진실에 한 발짝씩 다가간다. 거기엔 마법사의 세계를 지배하는 '엔' 패거리가 있고 엔 일행과 싸우고 비밀을 파헤치는 동안 단순히 마법사를 싫어하는 인간인 줄 알았던 친구 니카이도의 과거도 하나둘 밝혀지기 시작한다. 마법, 죽음, 무법 지대, 좀비, 악마…. "진흙 구정물. 그것은… 혼돈 속에. 그것이 도로헤도로!"라는 헤드카피가 많은 것을 설명하는 블랙판타지의 결정판. ▶하야시다 큐 지음

도쿄 오브 더 데드 3일 영화

〈로빈슨의 정원〉 등 작가주의 영화를 만들었던 야마모토

마사시가 만든 특이한 좀비영화. 부모님이 여행 간 사이 여자친구인 유키와 함께 집에서 놀던 노부는 먹을 것을 사러 나갔다가 동네에서 이상한 일들이 벌어지고 있음을 알게 된다. 좀비라고 해서 딱히 분장을 한 것도 아니고, 퀭한 눈을 한 채 공격하는 정도. 고어 장면도 없다. 하지만 원 컷으로 담아내는 노부와 유키가 싸우는 장면 등을 보면 초현실주의적이면서도, 야마모토 마사시 특유의 섬으로서의 '도시'에 대한 정서가 드러난다. 이후 야마모토 마사시는 아오이 소라 주연의 〈옆집 그녀의 소리〉 등 대중적이면서도 흥미로운 영화를 만들었다. ▶감독 야마모토 마사시, 출연 사토 쿄코·모리오카 류, 2006

도쿄 좀비 영화

미이케 다카시 감독의 〈이치 더 킬러〉(2001)와 〈공포대극장 우두〉(2003)의 각본을 쓰고 여러 편의 영화에서 배우로도 활약했던 사토 사키치의 연출작. 하나쿠마 유사쿠의 만화 〈도쿄 좀비〉가 원작. 소화기 공장에서 일하는 후지오와 미츠오는 도쿄 시민들이 쓰레기를 버리는 '검은 후지산'에 갔다가 유독가스에 깨어난 좀비들의 습격을 받는다. 요즘 한국에서 '병맛'이라 부르는 개그 감각을 맛보고 싶다면 나름 귀엽게 느껴지는 영화. 하지만 전형적인 좀비물을 원했다면 내내 '이건 뭐야!'라는 기분으로 보게 된다. 원작은 훌륭하고, 배우들도 최고이고, 감독도 나름 감각은 있지만 영화를 재미있게 만들지는 못했다. ▶감독 사토 사키치, 출연 아이카와 쇼우·아사노 타다노부, 2005

독하우스 Doghouse 영화

바이러스 때문에 여자들만 좀비가 되어 버리는 이상한 마을. 그 마을에 일군의 남자들이 휴가를 보내기 위하여 도착한다. 그리고 괴상한 싸움이 시작된다. 어처구니없는 코미

디 좀비물.▸감독 제이크 웨스트, 출연 대니 디어·노엘 클라크, 2009

둠 Doom 게임

1993년 첫 시리즈가 발표된 전설적인 게임. 2013년에 시리즈 20주년을 맞았다. 1편은 셰어웨어 방식으로 1천만 개 이상 배포되었으며, 당시 한국에서는 유료로 판매하는 이들이 생길 정도로 인기를 끌었다. '둠'의 스토리는 단순하다. 매뉴얼에 실린 줄거리는 다음과 같다.

"둠가이('둠'의 주인공)는 시민들을 향해 발포하라는 상관의 명령을 거부하고 그를 폭행한 죄로 화성의 위성인 포보스로 추방, 그곳에서 유니온 에어로스페이스 코퍼레이션(Union Aerospace Corporation, UAC)이라는 다행성 복합 기업과 같이 일하게 된다. UAC는 비밀리에 화성의 두 위성, 포보스와 데이모스를 연결하는 텔레포트 장비를 시험 중이었는데 최근 텔레포트를 사용한 이들에게 이상 징후가 포착되었다. 신체 일부분이 뜯겨 처참하게 죽은 채로 나오거나 텔레포트 중 악마를 봤다며 겁에 질려 미치는 것이다. 하지만 이러한 문제에도 불구하고 UAC는 텔레포트 실험을 계속했다. 그러던 어느 날, 텔레포트를 통해 악마들이 나오기 시작한다. 알 수 없는 문제로 인해 지옥으로 가는 텔레포트가 열린 것이다. 기지는 순식간에 아비규환이 되고 이어 화성에서 지원 부대가 파견되지만 이내 연락은 두절되고 주인공은 자신이 유일한 생존자임을 직감한다. 이제 플레이어가 살아남는 유일한 길은 악마들이 득실거리는 복잡한 기지를 뚫고 나오는 것뿐이다."

스토리텔링을 간소화하고, 나머지는 직접 플레이하며 다음 에피소드로 넘어갈 때마다 간단한 메시지와 컷을 보여 주는 것으로 소화한다. 게임을 진행하면서 플레이어는 포보스에서 데이모스로, 그리고 지옥으로 이동하는데 그

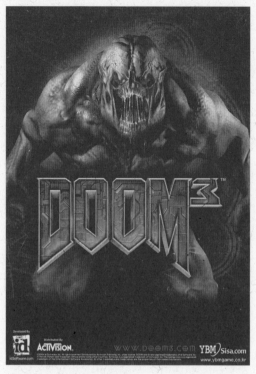

둠

에 따라 게임의 비주얼도 점점 무서워진다. 지옥에서 나오는 '악마'들은 제각기 다른 형상을 하고 있으며, 여기에 물론 좀비도 포함된다.

'둠'의 아티스트였던 에이드리언 카멕은 병원에서 아르바이트를 하며 다양한 시체를 접한 경험을 십분 발휘, '둠' 캐릭터들을 만들어 냈다. '둠'에는 적들을 단순히 사살하는 데서 그치지 않고 뼈와 살이 흩어지고 눈알이 빠지는 등의 고어적 표현도 다수 등장하는데, 첫 번째 시리즈가 발매됐던 1993년은 게임의 폭력성 문제로 미국 의회에서 한창

청문회가 벌어지던 시기였다. 당연히 '둠'은 청문회의 단골 손님이 되었다. 이후 1999년에 벌어진 컬럼바인 고교 총기 난사 사건의 주동자들이 '둠' 시리즈의 광팬인 것이 알려지 며 다시 한번 미 의회의 비판을 받기도 했다. 유족들은 제 작사에 피해 보상 소송을 걸기도 했다. 패소했지만, 이러한 일련의 사건들 덕분에 게임 심의규정이 도입되어 현재에 이 르렀다. 2013년까지 4개의 시리즈가 출시된 상태다. 2005 년에는 WWE의 레슬러 '더 락'으로 알려진 드웨인 존슨 주 연의 영화로도 제작됐다. 현재는 조금씩 버전을 달리해 모 바일용 게임으로도 서비스 중이다. ▶ 이드 소프트웨어

드라우그 Draugr

노르웨이와 독일의 신화에 등장하는 언데드(undead)로, 본래 의미는 유령에 가깝다. 무덤에 살며 시체에 생기를 불 어넣어 조종하는 존재.

디벅 Dybbuk

산 사람의 몸에 들어가는 악령. 유대인 신화에서 처음 언 급된 후 16세기부터 현재에 이르기까지 대중문화 전반에 서 인기 있는 아이템으로 등장하며 유명세를 떨쳤다. 유령 (Ghost)과는 달리 선악의 구분 없이 오로지 악의로 가득 차 있으며, 주로 어린아이들에게 씌는 것이 특징. 영화 《엑 소시스트》에서 그 사랑스럽던 어린 딸 리건이 악령에 씌고 어떻게 변했나를 떠올린다면 디벅의 악의를 절절하게 느낄 수 있을 것이다.

라스트 스탠드 Last Stand 〔게임〕

전형적인 좀비 아포칼립스물이며 디펜스 게임(밀려오는 적을 지형지물과 다양한 무기를 이용해 막아 내는 방식의 게임)이다. 밤 동안 몰려드는 좀비를 해가 뜰 때까지 막아 내고, 낮에는 전투로 인해 파손된 방벽 수리, 무기 탐색, 생존자 탐색 및 구조를 실시한다. 생존자는 총 6명까지 동료로 만들 수 있으며 동료가 된 생존자들은 플레이어와 함께 좀비 잡기에 동참한다. 이렇게 20일을 버티면 군용 헬기가 구조하러 온다.

여기까지가 '라스트 스탠드 1'의 내용이고, 2편은 헬기 탑승 이후부터 이어진다. 헬기 탑승자의 좀비화로 헬기는 추락하고, 겨우 살아남은 주인공이 '유니온 시티에서 마지막 탈출선이 40일 내에 출발한다'는 소식을 듣고 유니온 시티로의 여정을 시작한다. 좀비 떼와 맞서 싸우면서. 2편 엔딩을 보고 나면 '라스트 스탠딩: 유니온 시티' 편에 도전하자. 2편 엔딩에서 유니온 시티에 도착해 마을을 돌아다니며 좀비도 잡고 레벨업하면서 탈출선을 탈 날을 기다린다. 순간 디펜스 게임에서 RPG(롤플레잉 게임)로 장르가 전환되는데, 함께 할 수 있는 동료도 1명으로 제한되어 있고, 늘 있던 방벽도 없으므로 좀비의 공격에 더욱 효율적으로 움직여야 한다. ▶ 콘 아티스트

라이프 이즈 데드 Life Is Dead 〔만화〕

가까운 미래, 체액으로 감염되는 언데드 바이러스(UDV)가 만연하여 마치 질병에 걸린 것처럼 서서히 좀비로 변해 가는 사람들이 여기저기 눈에 띈다. 한적한 지방 도시에 사는 주인공 아카호시 유키오는 고교 졸업 직전에 병원에서 UDV 감염 확진을 받고 취직도 진학도 하지 못한 채 백수가 된다. UDV는 신체에 잠복하며, 감염된 인간의 스트레스에 반응한다. 스트레스를 많이 받는 상황에 노출되면 좀비화

가 더 빨라진다는 뜻. 바이러스 때문에 취직도 못하고 백수가 된 유키오의 스트레스는 점점 높아만 가고, 가족과 연인, 친구들은 그를 인간으로 남아 있게 하기 위해 끊임없는 노력을 하지만, 쉽지 않다. 2012년 만화를 원작으로 한 동명의 영화가 제작됐다. ▶고이즈미 토모히로 지음

라이프 이즈 데드(영화)

람보크: 베를린 언데드
Rammbock: Berlin Undead 영화

독일의 좀비영화. 베를린에 사는 여자친구 집을 찾아간 미히. 갑자기 배관공이 공격해 오더니 베를린 전체가 좀비 때문에 엉망인 걸 보게 된다. 여자친구가 자신을 멀리했던 이유를 알게 되지만, 마지막 순간까지 그녀와 함께 한다. 보통 남자가 최악의 상황에서도 지키려고 하는 순정이 가슴을

울린다. ▶ 감독 마빈 크렌, 출연 세바스찬 아킬레스·네나드 루칙, 2010

랜드 오브 데드 Land of the Dead 영화

3부작으로 끝난 것으로 확실시되었던 '살아 있는 시체' 시리즈가 20년 만에 돌아왔다. 어쨌거나 조지 A. 로메로 감독이 좀비영화를 다시 만들었다는 사실만으로도 〈랜드 오브 데드〉는 감격스러운 영화다. 하지만 이미 〈28일 후〉, 〈새벽의 저주〉에서 뛰어다니는 좀비까지 등장한 시대에 조지 A. 로메로만이 보여 줄 수 있는 것은 무엇일까? 로메로는 좀비영화가 자신의 전공 분야라는 것을 증명하듯, 당대의 어떤 감독도 감히 도전하지 못할 흥미로운 이야기를 끌어낸다.

전 세계를 장악한 좀비들을 피해 작은 섬을 요새로 만들고 살아가는 사람들. 하지만 그 안에서도 코프만 회장을 포함한 특권계급은 초고층 빌딩에서 여유롭게 살아간다. 과거의 모든 향락을 누리면서. 코프만의 보급 부대 대장인 라일리는, 좀비들이 활보하는 세상에서도 여전히 구태를 반복하는 사회에 염증을 느끼고 떠나려 한다. 〈랜드 오브 데드〉의 내용은 여타의 좀비영화에서 크게 어긋나지 않는다. 그러나 조지 A. 로메로는 심플한 좀비영화의 스토리에, 자신만의 이데올로기를 담아낸다.

〈죽음의 날〉에 나온 좀비는 학습 능력을 가지고 있었다. 〈랜드 오브 데드〉의 좀비는 비록 뛰어다니지는 못하지만, 강을 건널 수 있고 서로 의사소통을 한다. 그것만으로 좀비는 너무나 강력해진다. 액션의 스펙터클을 위해 좀비를 뛰어다니게 만든 최근의 좀비영화 경향과는 달리, 로메로는 좀비에게 '인간성'을 부여한 것이다. 〈랜드 오브 데드〉의 좀비는 괴물이 아니라, 우리가 알지 못하는 새로운 유형의 생물일 뿐이다. 그들도 살아갈 권리가 있고, 인간은 그 사실을 인정해야만 한다.

랜드 오브 데드

《랜드 오브 데드》는 좀비영화를 기대하는 공포영화 관객에게 충분한 즐거움을 준다. 컴퓨터 게임 같은 활극은 아니지만, 전통적인 좀비영화의 모든 것을 업그레이드하여 보여 준다. 뜯겨 나가는 살점과 잔혹한 살육, 침묵 속에서 다가오는 좀비 떼의 공포 등 《랜드 오브 데드》에는 모든 것이 있다. 《랜드 오브 데드》는 아무리 낡은 장르의 공식이라고 해도, 다루는 기술에 따라 얼마든지 수작이 탄생한다는 것을 증명한다. 느리고 묵중한 좀비영화의 수작.▶감독 조지 A. 로메로, 출연 존 레귀자모·아시아 아르젠토, 2005

랜드 오브 데드 Land of the Dead 게임

조지 A. 로메로 감독의 동명 영화를 원작으로 한 FPS 게임 (일인칭시점 슈팅 게임). 길을 찾아 가면서 좀비를 쏴 죽이 기만 하면 되는 단순한 게임으로, 2005년작임을 감안해도 그래픽이 좋지 않고 FPS로서의 완성도도 떨어지는 편이라 유저들의 평가는 그다지 높지 않다. ▶ 브레인박스 게임즈

러비더비 Lovey-Dovey 음악

오리지널 버전 뮤직비디오 외에 따로 '좀비 ver.'라고 이름 붙은 이벤트성 뮤직비디오. 열기 가득한 클럽, 아이돌 그 룹 티아라가 무대에서 공연 중이다. 좀비가 나타난다. 화장 실에서 마주친 여성을 물어 감염시킨 뒤 클럽 안으로 진출, 흥에 겨워 춤추고 술 마시던 사람들이 하나둘씩 좀비로 변 해 가기 시작한다. 클럽 안은 아수라장이 되지만 티아라는 남다른 의지를 가진 그룹이기에 꿋꿋하게 노래하고 춤춘 다. 이윽고 좀비들은 바리케이드를 뜯고 무대로 돌입한다. 좀비는 한걸음씩 다가오는데 티아라 멤버는 긴장과 각오를 다지는 표정 연기만 할 뿐 적극적으로 도망치지 않는다. 역 시 끝까지 무대를 지키겠다는 굳은 의지. 장면이 전환되고, 단체로 러비더비의 셔플댄스를 춘다. 의상부터 마지막 장 면 연출까지 마이클 잭슨의 "Thriller"의 오마주임을 적극 드러낸다. 제작비는 다소 부족했던 듯, 좀비 분장이 형편없 다. ▶ 티아라

레고9465, 몬스터 파이터 Lego 9465 Monster Fighter

일명 '좀비의 비밀 창고'. 사용 권장 연령 8-14세 이상. 레고 블럭 447조각이 들어 있다. 이 시리즈의 스토리는 다음과 같다. '잭 맥해머가 짙은 안개를 뚫고 좀비의 묘지를 찾아 냈다. 좀비의 문스톤을 되찾으려는 임무를 맡은 잭 맥해머. 문스톤을 손에 넣으려는 순간 좀비들이 관에서 나와 공격

을 가한다. 과연 그는 자신의 차로 돌아가 초대형 해머로 좀비들을 물리칠 수 있을까?' 잭 맥해머와 좀비 3명 등 미니피규어 4개가 함께 들어 있다.

레드넥 리벤지: 좀비 로드트립
Redneck Revenge: Zombie Road Trip 게임

몰려오는 좀비들을 총으로 사냥하는 디펜스 게임. 캐릭터는 위아래로만 움직일 수 있으며, 사격한 총알은 정밀한 조준 없이도 잘 맞는 편이다. 스테이지별로 도로, 폐차장 등 다양한 배경에서 게임을 할 수 있으며 각 맵마다 재미있는 요소가 곳곳에 숨어 있다. 가수 '싸이'도 발견할 수 있다! ▶벌키픽스

레드넥 좀비 Redneck Zombies 영화

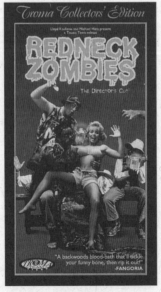

레드넥 좀비

일부러 허접한 영화를 만드는 것으로 유명한 트로마 스튜디오가 만든 대표적인 좀비영화. 개중에서도 더욱 허접하다. 레드넥은 미국 남부 지방 시골에 사는 백인 하층민을 말한다. ▶감독 퍼리클레스 레네스, 출연 스티브 수이·안소니 M. 카, 1987

레드 소냐: 베이컨트 셸 Red Sonja: Vacant Shell  만화

레드 소냐: 베이컨트 셸

아름다운 여전사, 레드 소냐가 길을 가던 중 좀비에 감염되어 변해 가던 남성을 구해 준다. 그에게서 그가 살던 마을사람들이 한 흑마술사의 농간으로 좀비가 되어 버렸다는 말을 듣는다. 그 후 우연한 기회에 어린 소녀를 불한당들로부터 구해 주게 되는데, 그 소녀가 엄마를 구출해 달라고 요청한다. 레드 소냐는 소녀를 따라 그녀의 엄마가 있는 언

데드 마을로 향한다. 그곳에서 흑마술사에게 붙잡혀 제물로 바쳐질 위기에 처하지만 가까스로 벗어나 거대 좀비가 된 흑마술사와 최후의 일전을 벌인다. 단순한 이야기지만, 화끈한 액션 장면 그리고 아름다운 레드 소녀의 모습을 감상하는 것으로도 시간이 아깝지 않다. ▶릭 리멘더, 폴 레너드 지음

레버넌트 Revenant

저승에서 돌아온 망령. '되돌아오다'(returning)라는 의미의 라틴어 'revenans'가 레버넌트의 어원이다. 사람의 눈에 보이는 유령 등과 마찬가지로 시체에 들어가 살아 움직이는 것처럼 보인다. '카운터 스트라이크', '둠', '워크래프트 3' 등의 게임에서는 이 단어를 그대로 딴 적 캐릭터가 등장한다.

레이스 Wraith

스코틀랜드 방언으로, 유령 혹은 영혼을 의미한다. 유럽 문화권에서는 유령(ghost)과 비슷한 개념으로 광범위하게 사용된다.

레이즈 더 데드 Raise The Dead 만화

한 명의 의사가 좀비 바이러스를 만들고, 의도치 않게 유출되자 그 도시의 사람들이 좀비로 변해 간다. 좀비들로부터 살아남은 몇몇 생존자들이 간신히 도시를 탈출한다는 내용. 좀비물을 조금 본 사람들이라면 위에 설명한 내용은 좀비물의 가장 기본적인 설정이라는 걸 알 수 있다. 그렇다. 이야기는 별것 없다. 〈레이즈 더 데드〉의 훌륭한 점은 시종일관 긴장감 넘치는 뛰어난 연출력에 있다. 현재와 과거의 이야기가 등장인물 간에 조밀하게 얽혀 있는데, 작품을 끝까지 읽어야 비로소 얽혀 있던 이야기들이 큰 그림으로 완

성된다. 조금씩 드러나는 생존자들의 스토리와 도시 탈출 작전의 결과까지, 지루할 틈이 없다. ▶ 리 무어, 조셉 레피온 지음

레이즈 더 데드

레지던트 이블 Resident Evil 영화

〈레지던트 이블〉의 원작은, 격렬하고 끔찍한 비디오게임이다. 좀비를 죽이지 않으면 내가 뜯어 먹히는, 소름끼치는 효과음이 등골을 시리게 하는 공포 액션 게임. 일본에서의 출시명은 "바이오해저드", 미국에서는 "레지던트 이블"이었다. 영화로 각색된 〈레지던트 이블〉은 게임의 설정을 충실하게 따라간다. 테크노 음악이 귀를 자극하고, '쿨한' 느낌의 푸른빛이 감도는 연구소에서 신나게 싸운다. 게임에서처럼 직접 좀비를 쓰러뜨리는 '주체적'인 쾌감은 없지만 〈툼레이더〉와 〈매트릭스〉를 능가하는 여전사의 화끈한 액션을 보

레지던트 이블

는 재미는 최고다.

　21세기, 국가 권력보다도 막강한 힘을 자랑하는 엄브렐러사의 비밀 연구소 하이브에서 바이러스 유출 사고가 벌어진다. 연구소를 통제하는 슈퍼컴퓨터 레드 퀸은 즉각 연구소를 봉쇄한 후, 감염을 막기 위해 모든 직원을 말살한다. 레드 퀸을 재부팅하고 연구소를 정상화시키기 위해 엄브렐러의 특수부대가 하이브로 잠입한다. 입구를 지키는 보안요원 앨리스는 특수부대와 함께 레드 퀸을 찾아간다. 레드 퀸이 살포한 신경가스에 노출되었던 앨리스의 기억은 불완전하지만 시간이 흐를수록 조금씩 되살아난다. 앨리스와 특수부대는 레드 퀸에 접근하여 재부팅에 성공하지만, 방어 시스템 때문에 특수부대 절반이 목숨을 잃는다. 하이브를 빠져나오려던 앨리스 일행은 바이러스에 감염되어 좀비가 된 연구원들과 맞닥뜨린다. 동력을 끄고 재부팅하는 바람에 닫혀 있던 문이 모두 열려 연구 중이던 좀비와 기형 생물들이 자유의 몸이 된 것이다.

폴 앤더슨은 할리우드 출세작인 〈모탈 컴뱃〉에 이어 〈솔져〉, 〈이벤트 호라이즌〉 등 일관되게 SF, 액션, 공포를 아우르는 영화만을 만들어 왔다. 작가적인 독창성은 없지만, 폴 앤더슨은 〈이벤트 호라이즌〉처럼 다양한 요소를 자기만의 터치로 다듬어낸 오락영화를 만든다. 무엇보다 시각적 쾌감 하나는 분명하다. 〈이벤트 호라이즌〉에 등장하는 중세풍의 우주선이나 차가운 금속성의 미로 같은 느낌의 연구소처럼. 또한 폴 앤더슨이 그려 내는 액션은 하드코어 음악처럼 경쾌하게 직선으로 뻗어 나간다. 폴 앤더슨이 직접 시나리오를 쓴 〈레지던트 이블〉은 게임과 유사하게 진행된다. 최초의 목표는 레드 퀸에 접근하는 것이다. 접근하기 위해 약간의 수수께끼 풀이와 액션이 필요하다. 레드 퀸을 재부팅하고 나면, 좀비가 기다린다. 한 가지의 임무가 끝나면 더 어려운 임무가 기다리고, 부하들을 물리치면 보스가 등장한다. 한 단계씩 높아지는 액션 강도를, 폴 앤더슨은 훌륭하게 소화한다.

다만 액션을 업그레이드하는 것만으로 긴장감을 유지하기란 쉽지 않다. 폴 앤더슨은 '기억'으로 〈레지던트 이블〉의 드라마에 윤기를 더한다. 첫 장면에서 앨리스는 아무것도 기억하지 못한다. 몇 가지 장면들이 어지럽게 머릿속을 떠다닌다. 또 한 명의 보안 요원 스펜서 역시 기억을 잃었다. 앨리스와 스펜서는 특수부대원과 함께 좀비를 해치우고 다니면서, 조금씩 기억이 살아난다. 하지만 시간순이 아니다. 무작위로, 무언가를 보았을 때 관련된 기억이 떠오른다. 바이러스를 유출시킨 것은 누구일까, 앨리스는 누구를 배신한 것일까, 앨리스와 스펜서의 관계는 무엇일까 등등. 기억이 조금씩 돌아오면서 영화의 전개가 틀어지고, 사람들의 관계가 바뀐다. 적이 동지가 되고, 동지가 적이 된다. 그러나 그 기억조차 불완전하다. 모든 기억이 돌아오기 전까지 아무것도 확신할 수 없다. 주인공의 이름이 앨리스인 것은, 그런 이유다. '이상한 나라'에 들어온 앨리스. 앨리스는 싸우면서 자신의 기억을 찾고, 자신의 세계로 돌아가려고 애쓴다. 그러나 기억을 찾아 돌아온 세계는 여전히 '이상한 나라'다.

〈레지던트 이블〉은 본분을 알고 있다. 폴 앤더슨은 강도 높은 액션과 섬뜩한 이야기를 결합하여 관객을 자극하는 방법을 잘 알고 있다. 망설이지도, 과용하지도 않는다. 〈레지던트 이블〉은 좀비영화에 속하지만, 일반적인 좀비영화의 관습에 집착하지 않는다. '사랑하는 사람이 좀비가 된다면'이란 일관된 질문도 가볍게 처리한다. 팔다리가 뜯기고, 내장이 터져 나오는 장면도 쉽사리 등장하지 않는다. 대중적인 액션영화에서 허용되는 정도의 '고어'에 만족한다. 대신 밀라 요보비치의 액션에는 확실한 방점을 찍는다. 비대칭의 빨간 드레스에 가죽 부츠를 신은 밀라 요보비치의 모습은 환상적이다. 떡 벌어진 그녀의 어깨도, 〈레지던트 이블〉에서만은 황홀하게 보인다. 벽을 짚고, 가죽 없는 맹견을 걷어차는 그녀의 '자태'는 결코 잊히지 않는다. '여전사'로서의 밀라 요보비치는 최고다. ▶감독 폴 앤더슨, 출연 밀라 요보비치·미셸 로드리게즈·에릭 매비우스, 2002

레지던트 이블 2 Resident Evil: Apocalypse 영화

〈레지던트 이블〉 1편의 마지막 장면은 병원에서 깨어난 앨리스가 아무도 없는 병원을 빠져나와 폐허가 된 라쿤 시티를 바라보는 광경이었다. 2편은 그 이후의 이야기를 담고 있다. 게임에서 인기 캐릭터였던 질 발렌타인과 함께, 앨리스는 도시를 빠져나갈 방법을 찾는다. 좀비가 창궐하는 도시에는 반드시 핵폭탄이 떨어질 것이기에. ▶감독 알렉산더 위트, 출연 밀라 요보비치·시에나 길로리·에릭 매비우스, 2004

레지던트 이블 3 Resident Evil: Extinction 영화

라쿤 시티에서 살아남은 이들은 안전한 곳을 찾아 여행을 떠난다. 아마도 알래스카라면 좀비가 없을 것이라고 판단하여. 홀로 떠돌던 앨리스는 피란민 집단과 동행하게 되고, 엄브렐러가 만들어 낸 괴물들과 싸우게 된다. 게임에서 앨리스를 괴롭히던 좀비 까마귀들이 영화 초반에 등장한다. 별다를 건 없지만 밀라 요보비치는 여전히 멋지다. ▶감독 러셀 멀케이, 출연 밀라 요보비치·알리 라터, 2007

레지던트 이블 4 Resident Evil: Afterlife 영화

앨리스는 모든 사건의 원흉인 엄브렐러사가 여전히 존재하고 있음을 알게 된다. 그리고 적들의 심장부로 진입한다. 1편의 폴 앤더슨이 다시 연출을 맡았지만, 힘이 빠지기 시작한 〈레지던트 이블〉 시리즈를 부활시키지는 못한다. 여전히 밀라 요보비치만 멋진, 약간의 볼만한 액션이 있는 좀비 액션물. ▶감독 폴 앤더슨, 출연 밀라 요보비치·알리 라터, 2010

레지던트 이블 5 Resident Evil: Retribution 영화

앨리스, 질 발렌타인, 레인 등 〈레지던트 이블〉의 매력적인 여성 캐릭터들이 총동원됐다. 하지만 반응은 그저 그랬다. ▶감독 폴 앤더슨, 출연 밀라 요보비치·시에나 길로이, 2012

레지던트 이블: 댐네이션
Resident Evil: Damnation `애니메이션`

미국의 특수 요원 레온 케네디는 바이오 생체 무기가 전쟁에 쓰이고 있다는 정보를 입수하고 내전 중인 동유럽의 소국에 잠입한다. 하지만 임무 중에 미국 정부에서는 레온에게 떠나라는 명령을 내리고, 레온은 정확한 사정을 파악하기 위해 독자적으로 행동을 시작한다. 일본에서는 그동안 〈철권〉, 〈파이널 판타지〉 등 인기 있는 게임을 3D 애니메이션으로 만들어 냈지만 성공하지는 못했다. 영상은 멋있지만, 이야기가 영 엉망이었다. 〈레지던트 이블: 댐네이션〉은 그나마 수작이다. 지나치게 어깨에 힘을 주고 있어 불편한 감이 있지만, 좀비를 비롯하여 생체 무기로 만들어진 변형 괴물, 인간과 싸우는 장면들은 나름 볼만하다. ▶감독 카미야 마코토, 2012

레프트 4 데드 Left 4 Dead `게임`

1인칭 슈팅 서바이벌 호러 게임. 온라인으로 연결된 4인이 한 팀이 되어 인간 대 좀비가 4:4로 싸우는 형식이다. 물론, 특수한 능력을 가진 주연급 좀비가 4명이라는 거지, 그 밖에 무수히 많은 인공지능 좀비 떼가 인간을 공격한다. 좀비들은 뛰어다니며, 그저 뛰기만 하는 것이 아니라 벽을 타고 기어오르거나 절벽을 뛰어넘을 수도 있는 등 운동 능력이 탁월하다. 아주 작은 소리와 빛에도 민감하게 반응하기에 자칫 잘못했다간 쓰나미처럼 몰려드는 좀비 떼에 목숨을 잃을 수 있다. 제목 그대로 네 명이 살아남았고, 그 넷 모두가 협동하지 않으면 이기기 힘든 게임이다. 개인 행동은 곧 죽음의 지름길.

사지에 덩그러니 살아남은 네 명의 캐릭터를 소개하자면, 먼저 베트남 참전군인 출신인 빌. 생존자 중 가장 연장자이며 팀의 리더 역할을 맡고 있다. 전장 경험자로 어지간

레프트 4 데드

한 위기에서도 평정심을 잃지 않는다. 주무기는 돌격소총. 게임상에서 무기를 주울 때 "돌격소총이라… 월남전 때로 돌아간 것 같군"이란 말을 한다. 참전 당시 무릎을 다쳐 다리를 조금 전다. 퇴역 후 농장을 사서 조용히 여생을 보낼 예정이었지만 감염자들이 출몰하면서 물 건너간다. 무뚝뚝한 편이지만, 속마음은 따뜻하며, 고맙다는 말을 하는 걸 부끄러워한다. 다음은 폭주족 프란시스. 양팔에 휘황찬란한 문신을 새겼으며 세상이 이렇게 되기 전엔 강도 행각도 벌여온 듯하다. 코카인을 들이마시며 당면한 상황을 '피할 수 없다면 즐기자'는 자세로 임한다. 극한 상황에서도 농담을 멈추지 않는다. 빌과는 구면이며, 그를 노인장이라고 부른다. 무기는 산탄총. 또 한 명의 생존자는 루이스. 고가의 옷과 시계, 구두를 신고 대기업에 다니는 화이트칼라. 흑인이다. 좀비들이 창궐했을 때도 자신의 일을 묵묵히 하다 보면 사태는 곧 진정될 것이라는 순진한 생각을 했지만, 현실을 직시한 뒤로 M16이나 기관단총을 들고 좀비 소탕에 나선다. 마지막 생존자는 유일한 여자 캐릭터인 조이. 호러영화, 오컬트 마니아다. 막 대학생이 된 어린 나이지만 경찰관인 아버지를 따라 어릴 때부터 사격장에 드나든 것이 좀비 사태에서 생존할 수 있었던 비결.

생존자와 대치하는 좀비 넷을 소개한다. 먼저, 탱크. 거대한 몸집과 엄청난 괴력으로 밀어붙이는 좀비. 탱크의 주먹에 맞으면 잠시 공격과 이동에 어려움을 겪는다. 자동차나 대형 쓰레기통 근처에 있으면 반드시 탱크의 공격에 당한다고 할 만큼 대형 지물들을 쳐 인간 캐릭터를 곤란하게 만든다. 날아오는 자동차에 깔리기라도 하면 체력이 얼마가 남아 있든 사망 확정. 더 무서운 건 거대한 덩치의 소유자지만 유저가 갈 수 있는 어떤 곳이든 다 올라가고 어떤 틈이든 들어갈 수 있다는 것. 다음은 스모커. 기다란 혀로 공격한다. 긴 혀로 인간을 끌어당겨 일행에게서 떨어지게 만드는데, 혀로 목을 조르기도 하고, 중독 증세를 일으키게도 만든다. 스모커는 한 번 맞을 때마다 연기를 내뿜으며, 죽으면 폭발과 함께 연기를 내뿜는다. 이는 유저들의 시야를 가리는 동시에 목을 아프게 해 한동안 유저 간 음성 채팅을 할 수 없게 만든다. 다음은 헌터. 스모커와 주로 함께 다닌다. 가장 빠른 스피드를 자랑하는 좀비이며, 기습적으로 덮쳐와 생존자의 내장을 뽑아 버린다. 벽을 자유자재로 탈 수 있고 점프력도 상당해 지형의 제약 없이 빠르게 움직일 수 있다. 헌터가 출몰했을 때 차 뒤나 나무 위에 숨어도 소용없다. 마지막으로 부머. 극도로 뚱뚱한 좀비. 총에 맞아 죽기라도 하면 폭발을 일으키며 사방으로 토사물을 쏟아낸다. 이 토사물은 다른 좀비들이 현장으로 몰려들게 하는 촉매제 역할을 한다. 그리고 한 명 더. 플레이어가 조종할 수 없는 유일한 특수 감염자이자, 여자 좀비 위치. 다행히 한자리에만 머물러 있어 잘 피해 가면 될 일이나 일단 걸리면 생존자 전원이 몰살당할 수도 있는 강력한 전투력을 소유했다.

'No Mercy'(자비는 없다), 'Death Toll'(죽음의 톨게이트), 'Dead Air'(죽음의 공항), 'Blood Harvest'(피의 수확)라는 총 네 개의 맵이 있다. 2008년 12월 한국에 출시되었으며 큰 인기를 끌었는데 약 1년 뒤 너무 이른 시기에 후속작 '레프트 4 데드 2'를 발매해 유저들의 원성을 사기도 했다. 이를 의식한 듯 제작사 측은 뒤늦게 1의 맵 업데이트 서비스를 하기도. ▸밸브 코퍼레이션

로랭스 Ro-langs

티베트 민담에 등장하는 피조물로, 좀비와 비슷한 속성을 가졌다. 티베트 언어로 'Ro'는 '시체'를, 'langs'는 '일어나다'를 뜻한다. 직역하면 '일어난 시체'라는 뜻. 관절을 구부릴 수 없고, 말하지도 못한다. 티베트 전통 가옥은 출입구가 낮게 위치해 있는데, 바로 로랭스의 출입을 막기 위해서다.

롭 사체토 Rob Sacchetto

좀비로 변한 자신의 초상화를 소장하고 싶은가? 그렇다면 롭 사체토에게 가라. 캐나다 출신 좀비 포트레이트 아티스트인 롭은 25년간 좀비 일러스트, 좀비 초상화 등을 그려온 베테랑 중 베테랑이다. 한국인에게도 익숙한 미국 드라마 〈워킹 데드〉의 특수 분장 디자이너로 활약하고 있으며, 〈스터프 매거진〉, 〈맥심〉, 〈내셔널 지오그래픽〉 등의 매체와도 꾸준히 작업하며 실력을 검증받았다. 그의 웹사이트인 'zombieportraits.com'에 접속하면 이미 완성된 그의 작품을 구매할 수 있으며, 더불어 원하는 인물의 사진을 바탕으로 초상화를 만들 수 있다. 작업은 9×11" 사이즈로 진행하며, 커플샷을 원할 경우 12×15" 사이즈로 제작한다.

롭 좀비 Rob Zombie

롭 좀비의 본명은 로버트 B. 커밍스. 좀비에 대한 사랑이 얼마나 깊었으면 성씨를 좀비로 바꾸고, 영화 등의 작품을 함께하며 만난 배우자에게도 그대로 '좀비'라는 성씨를 물려줬을까(배우자의 이름은 셰리 문 좀비다. 물론 이 역시 가명). 롭 좀비를 중심으로 1985년에 결성한 록밴드 화이트 좀비는 헤비메탈이라고 하기엔 무게감이 덜하고, 샘플링 등 다양한 팝적 요소를 가미해 굳이 음악적 성향으로 분류하자면 얼터너티브 록에 가깝다. 롭 좀비는 음악 외 활동으로 〈살인마 가족〉 1, 2편 등 10여 편의 영화를 만들었으며 그 밖에도 뮤직비디오, TV쇼 진행, 만화 제작 등 재미있는 일이 있으면 적극 참여하기도 했다. 재미와 모험을 추구하는 성격이 음악에도 고스란히 투영되어 록을 기반으로 다양한 실험을 전개했다. 예를 들어 이런 식인데, 1995년에 발표한 네 번째 앨범 'Astro Creep: 2000 - Songs of Love, Destruction…'의 전 곡을 리믹스해서 'Supersexy Swingin' Sounds'를 이듬해 발표한다. 화이트 좀비의 전자음 가득한 댄스 앨범이라니. 그루브마저 느껴지는 이 앨범은 기존 팬뿐 아니라 그런지, 일렉트로니카를 좋아하는 청자들에게도 사랑받았다. 비록 1996년을 끝으로 화이트 좀비는 별다른 해체 선언 없이 활동을 멈췄지만, 롭 좀비는 솔로 활동을 계속하고 있다. 솔로 활동작을 들어도 여전히 화이트 좀비의 사운드를 듣는 기분이라 화이트 좀비에서의 그가 차지하는 지분을 다시 한번 느낄 수 있다. 좀비 마니아답게 그와 관련된 곡도 여러 곡 있다. 대표적인 것이 "I, Zombie"와 "Living Dead Girl". 특히 "Living Dead Girl"의 뮤직비디오는 고딕 분위기의 무성영화를 보는 듯하다.

리빙 데드 돌 Living Dead Dolls

리빙 데드 돌은 미국 메즈코사에서 출시하는 제품으로, 10

인치 크기 인형이긴 하나 아이들이 가지고 노는 장난감은 아니다. 컬렉터, 마니아층을 위한 고가의 수집품이다. 한 시리즈당 3,000개 한정으로 제작하며, 품절되어도 더 만들지 않으므로 인기 있는 몇몇 시리즈는 중고 제품일지라도 수집가들 사이에선 고가에 거래되곤 한다. 각각의 인형은 관 모양 케이스에 들어 있으며 관 속에는 이들의 사망진단서가 첨부되어 있다. 리빙 데드 돌 중 스물두 번째 시리즈는 '좀비'인데 고리아(Goria), 메너드(Menard), 록시(Roxie), 에바(Ava), 페기 구(Peggy Goo)라 이름 붙인 다섯 가지 종류의 캐릭터로 출시됐다.

리빙 데드 돌

리빙 데드 비트 Living Dead Beat 음악

1997년 데뷔한 핀란드 멜로딕 데스메탈의 제왕 칠드런 오브 보돔(Children Of Bodom). 이름부터 심상치 않다. 보돔(Bodom)은 핀란드에 있는 호수 이름으로 이곳에서 캠핑한 아이들이 도끼로 살해당하는 사건이 발생했다. 단 한 명의 생존자였던 아이가 이 사실을 경찰에 알리며 세간이 떠들썩해졌는데 아직까지 범인은 잡히지 않았다. 이런 사연을 가진 밴드의 음악이니 대략 예상할 수 있으리라. '리빙 데드 비트'도 마찬가지. 2001년 내한 공연을 가졌는데, 공연 일자는 '4월 4일'이었다. ▶ 칠드런 오브 보둠

리빙 위드 좀비 Living with Zombies 만화

친구 사이인 맷과 크리스(원작자들의 이름을 땄음)는 함께 산다. 밀린 만화를 따라잡느라 하루를 집 안에서 보낸 둘. 다음 날 자기들이 살고 있는 에반스 빌에 좀비가 득실거리는 것을 발견한다. 모든 좀비를 없앨 수 없다면 그들과 공존해야 한다. 일단 문을 걸어 잠그고, 접촉을 최소화한다. 좀비가 들어오면 죽은 생물(맷과 크리스를 대신할 좀비의 먹이)을 던져 주며 밖으로 내보낸다. 그러나 영원히 그렇게 살 순 없다. 미봉책이 더 이상 통하지 않는 시간이 다가온다. ▶ 매튜 빌먼·크리스토퍼 헌돈 지음

리빙 콥스 Living Corpse 만화

살아 있는 시체, 즉 좀비로 살기란 참 힘든 일이다. 달라붙는 파리 떼도 성가시고, 인간의 뇌를 먹고 싶은 욕망도 억눌러야 하고, 지구상 모든 생명들에게 두려움을 선사하는 무리와 영원토록 함께 지내야 하나니. 노스페라투(흡혈귀의 대명사)가 자기 무덤 자리로 들어갈 때, 갑자기 지옥문이 열리고 그 안에 갇혀 있던 것들이 대거 튀어나온다. 좀비무리들이 지구의 안위와 자신들의 생존(?)을 걸고 전투를 벌인다. ▶ 버즈 핸슨·켄 해서·크리스 휴이트 지음

리턴드 The Returned 영화

〈리턴드〉는 좀비에서 되돌아온 사람들의 이야기다. 백신을

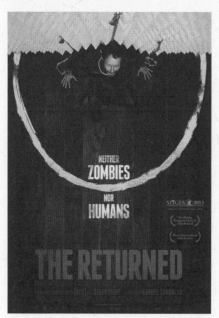

리턴드

매일 맞아야만 정상적으로 살아갈 수 있는 이들을 '리턴'이라고 부른다. 그런데 백신의 수가 부족해지면서 갈등이 시작된다. 백신이 없으면 리턴이 모두 좀비가 될 것이기 때문에 사회에 위협이 된다는 것이다. 사회 전체가 혼란에 빠지면서, 케이트는 리턴인 남편 알렉스를 위해 백신을 가지고 한적한 별장으로 도망친다. 액션보다는 두 사람의 감정에 초점을 맞춘 영화.▶감독 마누엘 카르바요, 출연 에밀리 햄프셔·크리스 홀든 리드, 2013

리턴 오브 리빙 데드 3 Return of the Living Dead 3 영화

스튜어트 고든의 〈좀비오〉, 〈지옥인간〉을 제작하고 시나리오도 참여했던 브라이언 유즈나가 연출한 시리즈 3편(한

리턴 오브 리빙 데드 3

국에서는 1,2편의 제목이 〈바탈리언〉으로 소개되었다). 〈소사이어티〉로 감독 데뷔를 했던 브라이언 유즈나는 독창적인 상상력에도 불구하고 연출력에서는 좋은 점수를 얻지 못했다. 댄 오배넌의 걸작을 이은 〈리턴 오브 리빙 데드 3〉도 비슷한 평가를 받았다. 레이널드 대령은 군부대의 비밀 실험실에서 시체를 이용하여 좀비를 만들거나 깨어나게 하는 실험을 하고 있었다. 레이널드의 아들 커트는 여자친구 줄리와 함께 오토바이를 타다가 사고를 당한다. 줄리의 죽음을 알게 된 커트는 슬픔에 빠져 있다가 문득 아버지의 실험을 떠올리고 줄리를 실험실로 데려간다. 〈리턴 오브 리빙 데드 3〉는 전작에서 상당히 멀리 벗어난다. 스티븐 킹의 〈애완동물 공동묘지〉를 각색한 〈공포의 묘지〉의 주제처럼 사랑하는 사람을 초자연적인 힘으로 되살렸을 때, 어떤 끔찍한 일이 벌어지는지를 보여 준다. 상당히 난삽한 영화이지만, 죽음에서 깨어난 줄리의 형상은 마치 고딕 마녀의 이미지를 떠올리게 한다. 그 서늘한 이미지가 〈리턴 오브 리빙 데드 3〉를 기억에 남게 한다. ▶ 감독 브라이언 유즈나, 출연 켄 맥코드·제임스 T. 캘러한, 1993

리턴 오브 리빙 데드 4
Return of the Living Dead: Necropolis 영화

10대 청소년들이 악의 집단에 사로잡힌 친구를 구해 내려다 곤경에 빠진다. ▶ 감독 엘로이 엘카엠, 출연 에이미 린 채드윅·코리 해드릭, 2005

리턴 오브 리빙 데드 5
Return of the Living Dead: Rave to the Grave 영화

대학생들이 학교에서 마약을 팔다가 시체들이 깨어나게 된다. ▶ 감독 엘로이 엘카엠, 출연 피터 코요테·에이미 린 채드윅, 2005

마 · 바

마법소녀 오브 디 엔드 魔法少女・オブ・ジ・エンド [만화]

아직 한국에 정식 라이선스로 출간되진 않았으나, TV판 애니메이션과 함께 어둠의 경로를 통해 만화도 유통되고 있다. 인터넷에서 제목을 검색하면 '꿈도 희망도 없는 만화'라는 연관 검색어가 뜬다. 일본의 월간 소년만화지 〈별책 소년 챔피언〉에서 연재 중이다. 이 만화는 정말 '꿈도 희망도 없는' 비극 일변도에 이리저리 급격히 튀는 전개로 바로 다음 화의 흐름도 예측할 수 없게 만든다. 주인공은 평범한 남자 고교생. 어느 날 수업 중, 마법소녀가 들어와 반 친구들을 다 죽여 버린다. 응? 마법소녀는 자고로 위기에 처한 사람들을 구하거나, 주인공이 되어야 하는 것 아닌가? 〈마법소녀 오브 디 엔드〉의 마법소녀들은 인간을 매우 싫어하는 듯하다. 한 에피소드마다 새로운 마법소녀가 등장하는데, 전부 아름다움과는 거리가 먼 얼굴을 하고 각자의 필살기로 인간을 좀비로 만드는 데 전념한다. 어쨌든 주인공은 소꿉친구이자 학급에서 왕따를 당하던 소녀와 함께 생존을

마법소녀 오브 디 엔드

위해 도망친다. 마법소녀가 이유도 없이 죽인 학생들은 곧 되살아나 인간을 공격하는 좀비로 변한다. 마법소녀의 뛰어난 능력(엄청난 신체 능력과 빠른 회복 능력)과는 달리 마법소녀가 만들어 낸 좀비들은 기본에 충실해 머리를 몸과 분리시키면 죽는다. 한 화의 분량이 꽤 많은 월간지 연재만화라 한 화 안에서도 준주연급 인물들이 척척 죽어 나가는 급격한 전개 또한 특징. ▶사토 켄타로 지음

마블 좀비스 Marvel Zombies [만화]

DC 코믹스와 미국 그래픽 노블 양대 산맥을 형성하고 있는 마블 코믹스의 시리즈 중 하나. 현재 3시즌까지 나왔으며 슈퍼히어로들이 평소의 모습을 벗고 충격적인 행태를 일삼는 내용이 전개되나 미국 현지에서 코믹스 상까지 수상한 인기작이다.

마블의 대표 캐릭터인 스파이더맨, 엑스맨(X-MEN), 캡틴아메리카, 헐크, 판타스틱4, 아이언맨 등이 어느 날 식인 욕구를 절제할 수 없는 좀비가 되어 사람들을 산 채로 잡아먹는다는 줄거리. 〈마블 좀비스〉의 시작은 2005년에 출간한 〈얼티미트 판타스틱4〉인데, 여기서 우연히 다른 차원의 지구에 닿게 된 판타스틱4의 리더, 리드 리차즈가 좀비만 남은 세상에 발을 딛게 된다. 위기에 처한 리드는 매그니토의 도움을 받는데, 오직 뮤턴트만을 위한 세상을 꿈꾸며 보통 인간들을 저주했던 매그니토가 이 세계에서는 좀비들로부터 생존자들을 보호하는 역할을 맡고 있었다. 이후 리드를 구하기 위해 차원 이동한 판타스틱4 멤버들이 좀비 세상에 도착하고, 생존자들을 현실 세계로 보낸 다음 리드와 함께 탈출하려던 찰나, 좀비들의 공격이 거세진다. 가까스로 판타스틱4를 이동시키고 마지막에 남은 매그니토는 차원 이동기를 부수고 좀비들과 함께 그 세계에 홀로 남겨진다.

마블 좀비스

　이렇게 훈훈하게 끝이 났으면 좋으련만, 이후 이어진
〈마블 좀비스: 데드 데이즈〉에서는 매그니토가 본연의 모
습으로 돌아와 인류를 멸종시키기 위해 좀비 바이러스를
퍼뜨린다. 리드의 차원 이동이 원인이 되어 이 멸망의 시리
즈가 탄생한 것이랄까. 〈데드 데이즈〉에 이은 〈마블 좀비스
VS 아미 오브 다크니스〉에서부터 본격적으로 뮤턴트들이
좀비화된다. 하늘에서 갑자기, 좀비 바이러스에 감염된 슈
퍼히어로 센트리가 떨어진다. 매그니토의 음모를 막으려다

감염된 것이다. 이를 수상히 여긴 어벤저스가 조사에 나서고, 그들도 좀비 바이러스 앞에서만큼은 슈퍼히어로의 면모를 보이지 못하고 좀비가 된다. 좀비가 된 쉬헐크가 자기 아들이 죽은 충격으로 착란 상태에 빠져 좀비 바이러스를 무차별 살포해 버린다. 자, 히어로가 좀비가 되었다. 그냥 저속으로 이동하거나, 잘하면 뛸 수도 있는 좀비가 아니라, 히어로의 능력을 고스란히 간직한 좀비가 탄생한 것이다. 좀비로 변하기 전의 지능도 그대로, 심지어 다른 히어로를 잡아먹으면 그 능력까지 흡수, 자유자재로 사용할 수 있다. 세상의 종말은 따 놓은 당상이다. 최근 전개된 시즌에서는 이렇게 서로가 서로를 잡아먹고 행패를 부리던 좀비 히어로들이 더 이상 잡아먹을 좀비가 남아 있지 않게 되자 끝없는 굶주림 끝에 드디어 제정신을 차려 스스로 멸망시켜 버린 세계를 원래대로 돌리려 노력한다. 하지만 좀비들에 대한 불신이 만연한 이 세상, 강력한 힘을 가진 누군가가 이들 좀비들을 모아서 우주선에 태운 후 다른 차원으로 던져 버린다. 다른 평행우주 속에 내던져진 좀비 히어로들이 그 차원에 존재하는 지구로 추락하며 그곳도 역시 초토화될 것이란 암시까지 내비치니, 이 또한 '꿈도 희망도 없는 만화'에 추가할 만하다. ▶마블

마이애미 좀비 Miami zombie

2012년 5월 26일 미국 플로리다 주 마이애미. 루디 유진(31)이라는 남성이 노상에서 60대 노숙인의 안면을 물어뜯다 경찰이 쏜 총 6발을 맞고 사망하는 사건이 일어났는데, 이 과정이 고스란히 18분 동영상으로 촬영되었다. 경찰은 범인이 신종 마약 베스솔트에 취해 환각 상태에서 범행한 것으로 추정했으나 검시 결과 베스솔트는 물론 LDS 종류의 합성 마약은 검출되지 않고 대마초 성분만 나왔다. 미국을 발칵 뒤집어 놓은 이 사건은 현재도 마이애미 좀비 사

건 혹은 마이애미 캐니벌 어택(Miami cannibal attack) 사건으로 널리 회자된다. 당시 〈허핑턴포스트〉는 이 사건을 포함, 뉴저지의 웨인 카터(43)라는 남성이 자해 도중에 경찰에게 자신의 살점을 던진 사건, 볼티모어 모건주립대 학생 알렉산더 카누아(21)가 룸메이트를 살해하고 심장을 먹은 사건 따위를 언급하면서 경기 침체와 테러 불안, 이념의 극단화에 시달리는 미국 사회의 병리 현상 중 하나로 무고한 시민이 아무 이유 없이 희생되는 사건을 묵시록에 빗대 보도했다.

마이애미 좀비. 루디 유진의 범인 식별용 증명 사진

마인드 컨트롤 mind control

'좀비 같은 현대인'이라면, 주체적인 사고를 하지 못하고 끌려만 다니는 상태의 사람을 의미한다. 히틀러의 대중 선동이 그렇듯이 집단적인 '세뇌'는 개인을 하나하나 조종하지 않아도 이루어질 수 있다. 매스미디어의 선동 역시 마찬가지다. 한때 TV의 광고나 드라마 중간에 의도적인 영상을 노출시켜 무의식적으로 세뇌를 시킨다는 말이 있었다. 예전 〈형사 콜롬보〉에서는 영상 사이에 몇 컷씩 사막을 보여 주고 무의식적으로 목이 마르게 하여 영사실 밖으로 나온 사람을 죽이는 사건도 있었다. 하지만 이런 서브리미널 (subliminal) 효과는 여전히 과학적으로 증명되지는 않았다. 다만 똑같은 영상이나 말을 반복해서 들으면 사람들이 그것을 사실, 진실이라고 믿는 경향은 존재한다.

마인드 컨트롤은 말 그대로 인간의 의식을 조종하는 것을 말한다. 상대의 동의가 없어도 의식을 마음대로 조종할 수 있다면, 첩보영화에 나오는 많은 일들이 가능해진다. 전혀 의심할 수 없는 사람을 이용하여 특정인을 살해한다거나, 자신들의 조직과 전혀 무관한 사람을 범인으로 내세울 수도 있다. 미국 CIA에서는 'MK 울트라'라고 하는 마인드 컨트롤을 시도한 적이 있었다. 미국과 캐나다 등지에서 여성이 길 가는 남자를 유혹하여 납치한 후, 약물을 이용하여 세뇌시키고 마인드 컨트롤을 시도한 것이다. 납치한 동안의 기억도 사라지고, 세뇌당했다는 것도 모르는 그들이 일상으로 돌아간 후에도 어떤 말이나 음악을 들으면 미리 지정된 행동을 하게 만든다는 것. 이 이야기는 멜 깁슨 주연의 〈컨스피러시〉 등 많은 영화와 소설에 등장한다. 마인드 컨트롤을 통해 인간의 의식을 마음대로 조종할 수 있다면, 마찬가지로 인간의 의식을 아예 빼앗는 것도 가능하지 않을까. 그런 점에서 인류의 좀비화는 가능한 가설이다.

마지막 좀비 The last zombie 음악
캐나다 몬트리올 출신 일렉트로니카 그룹 파독크(Fardoche)의 곡. 'myspace.com/fardochemusic'에서 무료로 들을 수 있다. ▶파독크

매기 Maggie 영화

좀비 영화의 클리셰 중 하나는 좀비에게 물린 가족이나 애
인으로 인해 벌어지는 갈등이다. 좀비가 될 것을 알면서도
마지막 순간까지 포기할 수 없기 때문이다. 그렇다고 해서
치유가 되거나 다른 방법이 있다고 믿는 것도 아니다. 그저
그녀(그)의 죽음을 인정할 수 없고, 끝까지 가기 전에 그녀
를 버릴 수가 없기 때문이다. 가출했던 딸이 돌아왔다는 소
식을 듣고 농부인 웨이드는 기뻐했지만 절망적인 소식을
듣는다. 바이러스에 감염되어 점점 좀비로 변해 간다는 것
이다. 아놀드 슈워제네거가 웨이드를 연기하며, 몸으로 모
든 것을 해결하는 액션이 아니라 변해가는 딸을 옆에서 지
켜보면서 느끼는 고뇌와 갈등을 표정과 몸짓으로 그려낸
다. ▶감독 헨리 홉슨, 출연 아널드 슈워제네거·아비게일 브
레스린, 2015

매기

멋진 신세계 영화

김지운 감독과 함께 만든 옴니버스 영화 〈인류멸망보고서〉에 들어간 단편. 인간들이 무심코, 마구 내버린 쓰레기에서 좀비 바이러스가 시작된다는, 의미는 있지만 그다지 설득력은 없는 설정이 나온다. 가능성이야 언제든 있겠지만 그냥 심심하게 들리는 영화. ▶감독 임필성, 출연 류승범·고준희, 2011

메시아 콤플렉스 웹툰

'개인이 구세주가 될 운명이라는 신념을 안은 마음 상태'를 나타내는 단어인 '메시아 콤플렉스'를 제목으로 차용한 좀비 아포칼립스물. 주인공은 카메라를 들고 다니며 좀비로 변해 버린 인간과 좀비에 대항하는 인간들의 대결이나 좀비에게 먹힌 인간의 사체 등을 찍고 다닌다. 모든 것을 기록으로 남겨 후세에 전해 주려는 듯이. 또 하나 특이한 점이 있다면 반나절에 한 번 가방에서 꺼낸 스프레이를 온몸에 뿌리는 행동을 하는 것 정도이다. 스프레이에는 좀비에게 공격당하지 않는 특정한 물질이 포함되어 있다. 그는 짊어진 가방 가득 스프레이를 들고 다니며 누구도 믿을 수 없게 된 '인간'들에게 알린다. "이 스프레이를 뿌리고 다니면 좀비의 공격을 몇 시간은 피할 수 있다"고. 그러나 생존자들에게는 잘 들리지 않는다. 아니, 믿기 어려운 얘기일 거다. 세상은 이미 끝났고, 자신 외에 자신을 구할 수 있는 이는 없으니까. 주인공은 '메시아'가 될 수 있을까. 회차당 엄청난 분량과 횡스크롤을 적극적으로 활용한 시원한 연출이 눈길을 끄는 작품. ▶박찬용 지음

메이크미좀비닷컴 makemezombie.com 웹사이트

정면 인물 사진을 업로드한 후 한 번 클릭하면 멀쩡한 얼굴을 좀비 얼굴로 바꿔 주는 사이트. 2013년 2월 현재 1백만

명이 넘는 네티즌이 본인의 사진을 좀비로 만들어 갔다. 미국의 애플리케이션 제작 회사 '골드바 벤처스 Ltd.'가 할로윈을 겨냥해 만든 웹페이지. 같은 기능의 스마트폰 애플리케이션은 앱스토어에서 무료로 다운로드할 수 있다.

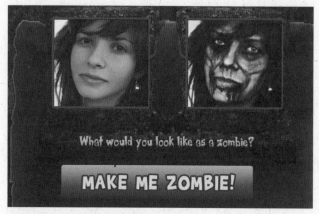

메이크미좀비닷컴

무덤가의 아이들 Children of the Grave 만화

미국 특수부대 요원 셋으로 구성된 '팀 올펀'. 이들의 임무는 집단 학살을 일삼고 특히 적의 어린아이들을 다음 세대의 위험 요소로 인식, 남김없이 죽여 버리는 잔혹한 아크바르 아싼 대령을 암살하는 것. 대령을 제거하기 위해 중동의 사막에 내던져진 팀 올펀은 대령을 만나기 이전에 다른 위협적인 존재들과 조우한다. 다름 아닌 아싼의 손에 희생된 수많은 아이들. '이미' 희생되었지만 대령에게 복수하기 위해 무덤에서 되살아난 이들, '무덤가의 아이들'인 것이다. 아이들은 팀 올펀을 도와 대령을 처치하는 복수를 할 것인가. 억울한 죽음에의 증오로 팀 올펀마저 공격할 것인가. 끝없이 반복되는 전쟁에 희생된, 이유 없는 죽음이 한이 되어 무덤을 파헤치고 걸어 나온 어린 영혼들은 그들 손으로

잘못된 상황을 바로잡는다. ▶톰 왈츠·케이시 멜로니 지음

뮤턴트-변종 바이러스 Mutants 영화

감염된 환자를 싣고 가던 의사 소니아 일행이 위기에 처한다. 이상 증세를 보인 환자를 죽이고 안전한 시설로 이동하는데 남자친구인 마르크도 감염된 것을 알게 된다. 〈뮤턴트〉의 좀비는 이상 행동을 보이다가 다시 정상으로 돌아오기도 하며 사흘 정도가 되면 완전한 좀비가 된다. 사랑하는 사람이 좀비가 되었을 때 어떻게 할 것인가는 늘 좀비물에 나오는 상황이지만, 〈뮤턴트〉는 그 상황만을 끌어내 꽤 진지하게 다루고 있다. ▶감독 데이비드 모렛, 출연 엘렌 드 푸제롤레·프란시스 레노드, 2009

·뮤턴트-변종 바이러스

미국, 대(對)좀비 훈련 실시

2012년 10월 30일부터 4일간, 샌디에이고 미션베이에 있는 파라다이스포인트 리조트 일대에서 연례 대테러 훈련의 일환으로 '좀비 대응 시나리오'를 실시했다. 한 보안 업체가

좀비 습격 가상 시나리오를 짠 것이다. 훈련에는 미군과 경찰, 의료진, 연방 공무원 등 1천여 명의 인력이 참가했으며, 좀비로 분장한 사람들이 일대를 배회하면서 군경과 의료진을 공격하면 대처하는 방식으로 진행됐다. 첫째 날은 자못 진지한 자세로 훈련에 임했지만 둘째 날은 대중과 함께하는 축제의 장이 펼쳐졌는데, 바로 10월 31일이 할로윈이었기 때문.

미군 대(對)좀비 전투술
U.S. Army Zombie Combat Skills 소설

좀비와의 전투 시에 숙지해야 할 병사 매뉴얼 북. 전투 시 발생할 수 있는 모든 경우의 수를 면밀히 따져 각 상황에 맞게 대처할 수 있도록 구체적인 살상 방법과 탈출법 따위를 서술했다. 내용의 이해를 돕기 위해 도판을 추가했다. 미국 국방부가 출간한 책은 아니다. ▶콜린 루이슨 지음

미군 대(對)좀비 전투술

미라 Mummy

가장 유명한 것은 이집트의 미라. 영혼 불멸은 단순히 영혼이 죽지 않는 것을 의미하는 것이 아니라, 부활하여 다시 육체가 있는 삶을 살아간다고 믿었다. 기독교의 부활도 이집트 사상에 닿아 있는 것. 그래서 이집트에서는 왕이나 귀족 등이 죽으면 장기를 빼내고, 송진 등의 약물로 처리하여 붕대를 감아 시신을 보호했다. 중남미 지역에서는 고온 건조한 날씨 때문에 죽은 사람들이 자연 미라로 발견되는 경우도 많이 있다. 티베트이나 일본 등에서는 불교 승려 등이 종교적인 이유로 섭식을 거부하고 명상을 하다가 미라가 되는 경우도 있었다.

미라가 깨어나는 경우가 현실에서 벌어진 적은 없었다. 그러나 중남미 지방의 미라나 타르층에 있었던 미라 등 썩거나 훼손되지 않은 미라가 발견되면서 그들이 '살아 있다'는 감흥을 불러일으키기는 했다. 또한 피라미드 발굴 과정에 참여했던 사람들이 의문의 죽음을 당하는 경우가 생기자 '미라의 저주'라는 말이 생겼고, 할리우드 영화에서 살아난 미라를 등장시켜 공포영화로 만들었다. 하지만 붕대를 칭칭 감은 미라는 그리 위협적이지 못해서 패러디 대상으로 많이 쓰인다.

바이오해저드 Biohazard 게임

좀비 서바이벌 게임의 선구작. 제작사 캡콤의 주력 게임 중 하나다. 1996년 말 1편이 처음 발매됐는데 이는 그전까지 2D 액션 게임에 주력하던 캡콤이 처음으로 만든 3D 호러 어드벤처 게임이었다. 개발 도중 사내에서도 실패 여론이 대세였고, 개발자나 제작자 역시 성공을 확신하지 못했기 때문에 초반에는 발매 수량도 적고 홍보도 최소한으로 진행했다. 내수 시장에 기대를 접고 북미에 수출하려고 했으나 이미 미국의 록밴드가 '바이오해저드'란 제목으로 상표 등록을 마친 상태라 같은 제목을 쓸 수 없었다. 결국 캡콤은 수출판에 '레지던트 이블'(Resident Evil)이라는 제목을 붙였다. 게임 속 주민들이 T바이러스에 감염돼 '사악한' 존재가 된다는 점에서 착안한 궁여지책이었다. 발매 이후 천천히 입소문이 퍼지며 결국 5백만여 장이 팔려 나갔고, 이는 캡콤의 다른 작품인 '디노 크라이시스', '데빌 메이 크라이'의 제작에도 영향을 미쳤다. 이 '레지던트 이블'이란 제목이 그대로 할리우드에서 영화화된 작품 제목으로 사용되었으나 일본에서 개봉할 때는 〈바이오해저드〉란 제목으로 개봉했다.

줄거리는 아래와 같다. 부도덕한 거대 기업이 몰래 개발하던 바이러스 병기가 유출되었다. 그 바이러스는 생물체를 엄청난 전투력을 지닌 괴물로 변이시키는 용도로 개발됐는데 이것이 세상에 유출되어 사람은 물론 벌레, 짐승까지 감염된다. 사람은 좀비가 되고, 짐승들은 징그럽고 이상한 괴물로 변한다. 이들을 해치우고 그곳을 탈출하는 것이 게임의 최종 목표. 시리즈 1편은 스타일리시한 액션보다는 퍼즐을 풀고 아이템을 찾아 다음 단계로 나아가는 게임에 가까웠다. 이것이 2편, 3편, 외전 등을 거치며 액션 요소가 강화되고 4편에 이르러서는 퍼즐 요소를 거의 배제하며 스토리상으로도 전작들과의 연결성이 거의 사라진다. 올드팬

바이오해저드

들은 반발했지만, 그 덕분에 새로운 팬들이 대거 유입되기도 했다. 2009년에는 5편이 발매, 명실공히 장수 시리즈로 안착했고 5편에서 기존 시리즈를 관통하던 굵직한 이야기 줄기들이 대부분 마무리되어 후속작이 나오지 않을 것이란 예측도 나왔지만 2012년 10월 4일, 예상을 깨고 여섯 번째 시리즈가 발매되었다. ▶캡콤

바이트 재커 Bite Jacker 게임

PC로 간단히 즐길 수 있는 플래시 게임. 'mochigames.com/games/bitejacker'로 접속하면 다운로드 없이 바로 게임을 즐길 수 있다. 기본적으론 좀비 슈팅 게임이나, 게임의 스토리라인은 '좀비영화를 만들자'다. 주연배우와 카메라맨

이 팀을 이뤄 좀비를 제거하면 되는데, 두 캐릭터 중 하나를 선택해 플레이할 수 있다. 총 10가지 맵이 반복적으로 나오며 최종 보스를 만나는 30일 후까지 정해진 목표(좀비 소탕, 인명 구조로 돈 모으기)를 달성하면 된다. 미션을 완료하면 영화를 조금 찍을 수 있고, 찍은 컷을 보여 주는 식. ▶시크릿 베이스

바탈리언 Return of the Living Dead 영화

1980년대 만들어진 좀비영화의 걸작. 시나리오를 쓰고 감독한 댄 오배넌은 〈에일리언〉의 시나리오 작가로 유명하지만, 일찍이 존 카펜터의 USC(서던캘리포니아 대학교) 동창으로 함께 〈다크 스타〉를 만들었던 인물이다. 대학 졸업 후 유럽에서 알레한드로 호도로프스키와 〈듄〉을 만들려고 하다 실패하고 미국에 돌아와, 〈에일리언〉의 시나리오를 준비하다 리들리 스콧을 만났다. 그리고 공포영화, B급 감성에 충실했던 댄 오배넌은 국내에 〈바탈리언〉이라는 제목으로 소개된 〈Return of the Living Dead〉를 연출했다. 이후 토비 후퍼의 〈뱀파이어〉, 폴 버호벤의 〈토탈 리콜〉의 시나리오에도 참여했다.

　〈바탈리언〉은 〈살아 있는 시체들의 밤〉이 '사실'이라는 설정으로 시작한다. 영화가 시작되면, 이 영화에 나오는 모든 인물과 기관은 사실이라는 자막이 나온다(물론 농담이다). 1969년, 피츠버그 재향병원에서 화학물질이 지하에 흘러들어가 시체가 깨어났다. 〈살아 있는 시체들의 밤〉은 그 사실을 영화로 만들었지만 정부에서 '실화'라는 것을 입막음했다는 것이다. 그때 만들어진 화학물질과 깨어난 시체가 〈바탈리언〉의 무대가 되는 장의사 지하에 있었다. 배달 착오로 장의사에게 오게 된 것. 시체가 들어간 탱크를 건드리다 실수로 시체가 깨어나고, 새어 나온 가스를 맡은 사람과 시체들이 난동을 부리기 시작한다.

바탈리언

1983년에 나온 마이클 잭슨의 뮤직비디오 "스릴러"의 영향을 받은 것이 분명한 묘지 장면도 있고, 2편에서는 아예 마이클 잭슨의 춤을 따라 하는 좀비도 나온다. 〈살아 있는 시체들의 밤〉을 인용하긴 하지만, 〈바탈리언〉은 제멋대로 좀비의 규칙을 만들어낸다. 좀비들은 '뇌를 줘'라고 말을 하며 뛰어다닌다. 〈28일 후〉에서처럼 엄청나게 빠른 속도는 아니지만 보통 사람들처럼 움직이고, 지능도 남아 있다. 경찰 무전기에 대고 병력을 더 보내라고 말해 경찰들을 유인하여 잡아먹는 정도의 지능도 있다. 마지막 장면은 보통 좀비영화의 결말이 그렇듯, 핵무기로 도시를 박살 내는 장면이다. 하지만 재가 하늘로 올라가 다시 비를 타고 지상에 내려와 묘지에 들어가면 다시 시체가 깨어난다. 그러니까 좀비영화의 공식대로, 시체를 태워도 별로 도움은 안 된다는 것. ▶감독 댄 오배넌, 출연 클루 걸러거·제임스 카렌, 1985

바탈리언 2 Return of the Living Dead Part 2 영화

전작에 미치지는 못하지만, 그래도 나름 재미있었다는 평가를 받은 〈바탈리언〉의 속편. 1편에 나온, 좀비가 들어 있는 탱크를 운반하던 트럭에서 하나가 굴러 떨어진다. 그 안에 있던 가스와 좀비 때문에 다시 좀비들의 세상이 된다.▸감독 켄 와이더혼, 출연 제임스 카렌·톰 매튜스, 1988

박스헤드 게임

좀비를 죽이거나, 생존자를 구하는 아주 심플한 플래시 게임. 1인용, 2인용이 따로 있다. 1인용인 '박스헤드 좀비 워'는 한자리에서 몰려드는 좀비를 처치하는 디펜스 모드, 맵을 돌며 좀비를 없애는 RPG 모드로 나뉜다. 2인용은 한 컴퓨터로 2인이 인간 VS 좀비로 나눠 싸우거나, 둘이 팀을 이뤄 좀비에 대항하는 모드. 온라인 멀티플레이가 가능한 '박스헤드 바운티 헌터'도 나와 있다. 제목인 '박스헤드'는 가장 나중에 등장하는 대장격 좀비의 이름.

반혼술 反魂術

동양의 기문둔갑 등에서 나오는 죽은 자를 되살려 불사신으로 만드는 술법. 일본의 유명한 음양사 아베노 세이메이도 사용했다고 한다.

배드 BAD – David Guetta & Showtek 음악

2014년 빌보드 핫 댄스 클럽 싱글차트 35위, UK 싱글차트 22위에 오른 데이비드 게타의 노래다. EDM 2인조 그룹 'Showtek', 보컬리스트 'Vassy'와 협업한 노래인 "배드"는 앨범 커버아트와 일관된 콘셉트의 뮤직비디오를 선보였다. 팝아트적인 애니메이션으로 제작했는데 등장인물의 초록색 얼굴과 기이한 춤사위가 일명 '좀비 어깨춤'으로 회자되었다고.▸데이비드 게타

배드

뱀파이어 Vampire

뱀파이어와 좀비는 분명히 다른 존재지만, 죽었다가 깨어나고 사람을 물어뜯는다는 점은 흡사하다. 강시영화에서 뱀파이어와 좀비가 유사하게 나오는 것도 그런 공통점에서 기인한다. 고대 이집트와 그리스에서 시작하여 동유럽과 아일랜드 등 전 세계에서 전해졌던 흡혈귀 이야기는 브람 스토커의 〈드라큘라〉 그리고 할리우드에서 만들어진 뱀파이어 영화들 덕분에 만국 공통의 악마가 되었다. 루마니아의 블라드 체페슈, 엘리자베스 바토리 등 실존 인물에서도 영향을 받았다. 영화, 소설, 최근의 영 어덜트까지 수많은 장르에서 변주된 덕택에 뱀파이어의 기원과 능력, 행태 등은 제각각.

뱀파이어 헌터 강시대시대 영화

서극이 제작한 강시영화. 17세기의 중국 어느 지방에서 죽은 시체들이 되살아나 난동을 부린다. 마오 도사와 바람, 비, 천둥, 번개 4명의 제자들은 많은 뱀파이어(강시)들과 싸우지만 역부족인 와중에 스승이 사라지고, 네 명의 제자들은 스승을 찾기 위해 다시 싸움에 나선다. ▶감독 전승위, 출연 안아·종조강, 2002

벨라 루고시의 죽음 Bela Lugosi's Dead 음악

1970년대 후반 영국의 고딕 록과 고스뮤직을 정립한 밴드 바우하우스의 데뷔 싱글. 고딕 음악의 정수라 불린다. 벨라 루고시는 토드 브라우닝 감독의 영화 〈드라큘라〉(1931) 등 여러 공포영화에 뱀파이어 역으로 출연한 배우다. 그러므로 이 노래는 죽어도 죽지 않는 사자에게 바치는 송가인 셈이다. 밴드 바우하우스는 시종일관 날선 기타 소리, 음산한

벨라 루고시의 죽음

베이스라인이 탁월한 고딕 무드의 노래를 만들며 무대 연출과 퍼포먼스도 거기에 맞춘다. 좀비까지는 아니고 드라큘라 백작 같은 분장을 하고 무대에 임하는 보컬 피터 머피는 〈이레이저 헤드〉, 〈더 헝거〉 같은 영화에도 얼굴을 비쳤다.▶바우하우스

보커 Bokor

부두교의 의식은 지역마다 양식이 조금씩 다르긴 하나 기본적으로 신도들이 영적 인도, 조언, 문제에 대한 도움을 구하기 위해 사제를 찾아오면 사제는 영과 접촉하여 염소나 양, 닭, 개와 같은 가축을 희생물로 바치는 형식을 취한다. 그러나 의례를 집전하는 일반적인 사제 외에 적에게 저주를 내리는 주술을 행하는 나쁜 사제들, 즉 흑마술사들이 있는데 이를 보커(Bokor)라 부른다. 타인을 죽일 목적으로 부두교 인형(Voodoo Dolls)에 주술을 걸어 못을 박는다든가, 돈을 받고 독약을 만들어 살인을 저지르기도 한다. 이런 일들이 적지 않게 벌어지자 일부 부두교 신자들은 동요했다. 보커들이 주술로 저주를 내릴 수 있고, 저주의 대상이 다름 아닌 자신이 될 수도 있다는 생각에 다다른 것이다. 실제로 1966년 한 부두교 신자는 자신에게 걸린 저주를 풀어주지 않는다는 이유로 부두교 사제를 죽였으며, 1981년 저주에 걸렸다고 믿은 한 신도가 겁에 질린 나머지 무차별 발포로 (저주를 걸었는지 걸지 않았는지도 모르는) 사제를 포함해 네 명을 죽게 만든 사건이 벌어지기도 했다.

좀비는 보커가 멀쩡하게 살아 있는 인간에게서 영혼을 뽑아내 만든 존재다. 영혼을 붙잡힌 사람은 지성을 잃고 보커의 명령에 복종하게 된다. 명령에만 반응하는, 살지도 죽지도 않은 존재인 좀비는 끊임없이 써먹을 수 있는 노동력이 되어 사제의 주머니를 두둑하게 만들어 주는 용도로 활용되었다. 그러니까 대중문화 콘텐츠 속의 무자비한 좀비

의 모습은 실상을 그다지 반영치 못한 것. 게다가 알려진 사실과 다르게 보커가 좀비를 만드는 과정을 '접신해서 영혼을 뽑아낸다'고 표현하지만, 실은 독을 사용해 인간의 사고를 마비시키는 것이라는 게 정설이다. 간혹 좀비가 정신을 차리는 경우가 있는데, 이런 현상을 '본제(Bondye: 착한 신이라는 의미의 아이티어)가 영혼을 되돌려 준 것'이라 해석한다.

부두교 Voodoo

좀비의 기원을 찾는다면 우선 서아프리카, 카리브해 등에 존재하는 민간신앙 부두교를 살펴봐야 한다. 샨데리아, 움반다 등 부두교와 흡사한 종교들도 많고, 부두교 역시 다양한 명칭으로 쓰이는 경우가 많다. '부두'는 정령을 끌어들인다는 의미라고 한다. 정령을 불러내고 이용하는 부두교에서는 약물로 사람을 사망에 이르게 한 후 다시 깨워 노예로 쓴다고 흔히 알려져 있다. 부두교가 성행한 아이티에서는 1971년 죽음을 맞은 독재자 뒤발리에가 부두교를 이용하여 식인 의식을 하고, 좀비 군대를 거느리고 있다는 소문도 있었다. 미국에서는 뉴올리언스를 중심으로 미국 동남부지역에 부두교가 널리 퍼져 있었다. 19세기에는 부두교 여사제가 걸어 다니는 시체를 부린다는 소문이 횡행했고, 일종의 '마녀 재판'처럼 법정에 선 부두교 여사제들도 많았다. 하지만 실제 부두교에서는 주술로 의지력이 없는 노예를 만들어 낸다는 속설이 있을 뿐, 영화와 문학에 등장하는 좀비는 할리우드와 서구인이 창조해 낸 것이다. 부두교의 신 중 하나인 '르그랑 좀비'는 육화된 형태로 뱀의 모습을 띠고 나타난다. 그런데 어떤 부두교에서는 '르그랑 좀비'의 의미가 달라져서 죽은 자든 산 자이든 관계없이 빙의된 상태를 말한다. 즉, 사악한 신의 명령에 따라 사람을 공격하는, 살아 있는 시체로서의 좀비인 것이다. 여기에 아프리카와 카리브해의 민담에 등장하는 괴물들이 결합한다. 나무 속에 숨어 있다가 허청이며 걸어 나와 여행자들을 공격하는 가나의 도도, 집에 침입하여 엄청나게 긴 손톱으로 잠든 사람들의 피를 빠는 줄루 민담의 모듈로 등등. 이들이 '비틀거리며 걷는 밤의 존재'로 뭉쳐진 것이 좀비라고 할 수 있다.

영화와 소설 등에서 나오는 '좀비'는 주로 살아 있는 시체를 뜻한다. 부두교에서는 약물을 이용하여 상대의 의지력을 뺏는 것으로 나온다. 윌리엄 시브룩의 〈사탕수수밭에서 일하는 시체들〉, 웨이드 데이비스의 〈독사와 무지개〉 등 많은 책과 소설에 나온다. 이후 많은 영화와 소설에서는 유독가스, 전자파, 바이러스, 기생충, 외계인 등등 좀비가 되는 법이 다양하게 등장했다.

부산행 영화

세계적으로 좀비물이 영화, 만화, 드라마에서 주류가 된 지 오래지만 한국만은 비켜나 있었다. 공포 장르가 한국에서는 워낙 비주류이기도 했고, 그중에서도 좀비물은 더욱 미미했다. 하지만 애니메이션 〈돼지의 왕〉과 〈사이비〉를 만들었던 연상호 감독이 만든 〈부산행〉은 관객에게 위화감 없이 다가가는 데 성공했다. 〈세계대전 Z〉가 증명했듯이, 지나치게 잔인하고 지저분하지만 않다면 좀비는 이미 대중적인 캐릭터로 받아들여지고 있다.

펀드 매니저인 석우는 딸 수안을 데리고 부산행 기차를 탄다. 출발 직전 상처를 입은 여인이 열차에 탑승한다. 그리고 변한다. 승무원이 물리고 다시 변하고를 거듭하면서 부산행 기차는 순식간에 아수라장이 된다. 임신한 아내 성경을 보호하려는 중년남 상화, 고등학교 야구 선수인 영국과 그를 좋아하는 진희 등 탑승객들은 좀비의 습격에서 살아남기 위해 사투를 벌인다.

부산행

　(부산행)의 강점은 무엇보다 감독이 좀비물에 정통하다
는 점이다. 좀비물 마니아인 연상호 감독은 아직 좀비에 익
숙하지 않은 한국 관객에게 좀비 블록버스터를 보여 주기
위해 많은 노력을 기울였다. 좀비는 그리 추악한 외관이 아
니지만, 몸을 기이하게 비틀고 꺾으면서 달려드는 모습은
공포를 느끼게 한다. 그리고 요즘 유행처럼 마구 뛰어다니
는 좀비다. (부산행)의 좀비는 어두워지면 보지 못하고, 냄
새를 맡지도 못한다. 주로 시각과 청각에 의존하여 사람을
쫓아다닌다. 좀비와 싸우며 살아남기 위한 사람들의 전투
방법은 객차를 지나갈 때마다 조금씩 바뀐다. 가까운 사람

이 좀비로 변했을 때의 갖가지 반응도 나온다. 그러니까 좀비물의 공식을 거의 다 끌어들이면서, 그것을 한국적 상황으로 잘 바꿨다.

사회적인 문제의식도 탁월하다. 〈설국열차〉처럼 앞 객차로 나아가면서 안전지대를 찾는다. 그런데 살아남은 사람들이 입구를 막아 놨다. 좀비들과 싸우면서 감염되었을 수도 있는 그들을 들여보낼 수 없다는 것이다. 나만 살아남으면 된다는 이기심으로 만들어진 폐쇄적인 사회. 그들을 선동하는 이는 대기업 임원인 용석이다. 용석 때문에 더 많은 사람이 죽고, 좀비로 변하고 모든 것이 파괴된다. 물론 그의 선동에 쉽사리 넘어가는 대중들도 그만큼 밉고 추악하다.

연상호 감독은 원래 좀비 애니메이션 〈서울역〉을 먼저 만들었다. 서울역에 좀비가 발생하고 아수라장이 되는 설정이다. 〈서울역〉을 제작하던 중 실사 영화 제의를 받게 되고, 〈부산행〉을 〈서울역〉과 이어지는 스토리로 만들었다. 〈부산행〉을 보면 서울역 구내에서 소동이 벌어지는 장면이 나온다. 〈서울역〉과 함께 〈부산행〉을 보면 더욱 흥미로울 것이다. ▶감독 연상호, 출연 공유·마동석·정유미, 2016

부패와 몰락 Rot & Ruin 소설

좀비가 나타난 후 14년 뒤의 상황을 그린 좀비소설. 2010년 출간되었고, 2011년 2편 〈먼지와 붕괴〉(Dust & Decay)가 나왔다. 이어 〈살과 뼈〉(Flesh and Bones)와 〈불과 재〉(Fire and Ash)가 출간 예정이다. 좀비가 나타난 이후, 사람들은 외곽 지역에 장벽을 쌓고 소규모 집단을 이뤄 모여 산다. 15세 소년 베니는 일자리를 찾고 있다. 그의 형인 톰은 실력 좋기로 유명한 좀비 헌터. 하지만 베니는 형에게 반감이 있고, 좀비 헌터가 되고 싶지도 않다. 좀비 헌터 중에서는 주민에게 행패를 일삼는 악당인 찰리 핑크아이, 모터시티 해머 같은 놈들도 있다. 좀비 세상이 되었지만 여전히 사람들

사이의 다툼은 사라지지 않는다. ▶조나단 매버리 지음

불사판매주식회사 소설

22세기의 미래는 풍요롭지만 전혀 자유와 평등이 보장되지 않는 사회다. 그곳에서는 부자들이 영원한 생명을 위해 가난한 자들의 육체를 살 수 있다. 1958년 뉴욕으로 돌아가는 고속도로에서 알 수 없는 힘에 의해 교통사고가 일어나고, 미래로 날아가 버린 토마스 브레인. 어떤 부자가 그의 육체를 원한 것이었지만 시술은 실패하고 브레인은 미래의 이방인으로 남게 된다. 여기서 등장하는 좀비는 이렇게 정신과 육체를 뒤바꾸는 수술 과정에서 간혹 부작용으로 나타나는, 자신의 정체성을 잃어버린 인간을 말한다. 그들은 사람을 뜯어 먹지는 않지만, 좀비처럼 사회의 밑바닥에서 살아가야만 한다. 문명 비판이 노골적이었던 로버트 셰클리의 대표작. ▶로버트 셰클리 지음

블래키스트 나이트 Blackest Night 만화

"가장 어두운 밤이 하늘에서 내려온다. 빛은 소멸하고, 어둠이 만연할 것이니 우리는 너의 죽음을 갈망한다. 이 내 검은 손으로, 망자는 부활할지어다!" 2009년 미국의 코믹콘에서 공개된 이벤트성 코믹스. DC코믹스의 히어로들이 '블랙랜턴'이 되어 지구의 모든 생명을 말살시킴으로써 감정 스펙트럼 자체를 없애 우주의 진정한 평화를 이룩하려 한다는 내용. 슈퍼맨 프라임이 우주 멀리 날려 버린 안티 모니터가 우주 섹터 666의 죽은 행성 류트에 불시착했는데 그곳에는 절대적인 힘, 죽은 영혼들의 최후의 심판자인 네크론이 버티고 있었다. 사로잡힌 안티 모니터는 블랙랜턴 배터리의 에너지 공급원이 되고, 본디 우주의 수호신이었으나 네크론에게 포섭당해 빌런(악당)이 된 스카가 목숨이 끊어진 빌런 윌리엄 핸드에게 블랙랜턴 파워링을 주어 첫 블랙

랜턴을 만들어 버린다. 죽은 이에게 악의 기운을 불어넣어 좀비로 만든 뒤, 그들이 말하는 '우주의 평화'를 만들려 한다. 슈퍼히어로 그린랜턴이 이에 대항하기 시작한다. ▶ DC 코믹스

블래키스트 나이트

블루 좀비 ブルー・ゾンビ 음악

키린지(KIRINJI)는 1997년 형 호리고메 다카키와 동생 호리고메 야스유키가 결성한 일본의 밴드다. 포크와 팝을 넘나드는 심플하면서도 섬세한 음악, 시적이며 철학적 사유가 담긴 가사로 인기를 얻으며 활동을 시작한 지 1년 후인 1998년 메이저 신에서 첫 싱글 "쌍둥이자리 그래피티"(双子座グラフィティ)를 발표한다. 이후 2013년 열 번째 정규 앨

범 'TEN' 발매를 기점으로 2인 형제 멤버 체제에서 형 다카키와 새 멤버 5인 체제로 구성을 바꾸어 활동을 이어간다. "블루 좀비"는 키린지가 2003년 9월에 발표한 5번째 정규 앨범 'For Beautiful Human Life' 6번 트랙으로 수록된 곡으로 별도의 싱글은 발매되지 않았다. 'For Beautiful Human Life' 앨범은 국내에도 시차를 두고 정식 라이선스 발매되었다. "그래, 나는 좀비 / 음정이 맞지 않아도 / 익숙한 하모니 / 별 드는 가시길에서 / 입을 맞추었다 / 블루-! 블루-! 블루-! / 땅거미에게 그래, 새벽의 꿈을! / 되살아나는 거야 / 오른쪽! 왼쪽! 오예-"라는, 좀비의 시점에서 서술한 가사가 인상적이다. ▶ 키린지

빅토리안 언데드 Victorian Undead 만화

빅토리안 언데드

DC 코믹스에서 발간된 6개 에피소드로 구성된 미니시리즈 코믹스. 부제는 '셜록 홈즈 대 좀비'(Sherlock Holmes VS Zombies)다. 영국 빅토리아 시대, 더 정확히는 1854년 유성우가 런던의 밤하늘을 뒤덮은 그날, 좀비 바이러스도 런던을 뒤덮는다. 20년 동안이나 여왕 폐하와 대영제국을 위해 음지에서 활약해 온 비밀 요원들마저 좀비가 되어 버리고 만다. 좀비를 이용해 빅토리아 정부를 전복하려는 음모를 꾸민 자는 바로 홈즈의 숙적 모리어티 교수. 셜록 홈즈와 왓슨이 사건을 해결하기 위해 나선다. 좀비를 잡으면서. 유사한 시리즈로는 〈셜록 홈즈 대 드라큘라〉(Sherlock Holmes VS Dracula)가 있다. ▶이언 에딩턴·다비데 파브리 지음

사·아

사사부치 후미에 Sasabuchi Fumie

일본의 젊은 화가, 설치미술가 사사부치 후미에의 대표작은 '보그 시리즈'다(작가는 작품들에 타이틀을 붙이지 않았지만 패션매거진 〈보그〉의 화보에 펜으로 덧그린 아트워크를 연작으로 내놓았고, 그것이 그녀의 커리어 중 가장 유명한 시리즈이므로 보통 '보그 시리즈'라 부른다). 그녀의 작품이 세계 각국의 초청을 받아 전시를 열게 되었을 때, 각종 패션 잡지들은 '좀비가 된 패션모델'이란 타이틀로 작품을 소개했다. 머리부터 발끝까지 완벽하게 치장하고 포즈를 취한 하이패션 모델의 몸과 얼굴을 따라 뼈와 혈관을 그려 넣고, 새로 나온 화장법이나 새 화장품을 광고하는 뷰티 화보 모델의 얼굴을 볼펜 하나로 좀비로 둔갑시킨다. 세트에 설치된 차에 올라앉은 모델 뒤에 거대한 낫을 든 사신이 엉겨 붙어 있다. 정제된, 아니 박제된 아름다운 껍데기를 한 겹 벗겨내 〈보그〉로 대표되는 미를 향한 허영과 동경을 뒤틀린 시각으로 바라본다. 우리가 그토록 갈구하는 '살아 있는 아름다움'은 그 속에 추함과 괴기스러움, 죽음의 이미지를 내포하고 있다. 동전의 양면처럼, 빛과 그림자처럼 하나의 개념이 존재해야 비로소 또 하나의 개념이 생겨날 수 있다. 이런 주제 의식은 그녀의 다른 작품들에서도 일관되게 보이는데, 무성영화의 시대에 나온 흑백 스틸 사진을 모티브로 그 시절 풍만하고 우아한 여성의 나신을 아름답게 그려 낸다. 그런 다음 허리 위아래를 잘라 뒤틀리게 붙이거나, 한 몸에 머리를 두 개 붙이거나, 부식되는 사체의 이미지를 더한다. 회화 외에 설치미술에서도 이런 기조를 찾을 수 있으니 적어도 지금까지 작업해 온 그녀의 작품은 의미는 다를지 몰라도 한결같이 〈백설공주〉의 명대사인 "Beauty is only skin-deep"(아름다움은 피부 한 꺼풀에 불과하다)을 단적으로 제시하고 있다.

사우스 파크 South Park 애니메이션

이미 16시즌이 방영된 미국의 인기 TV애니메이션 시리즈. 〈심슨 가족〉과 함께 미국의 2대 시리즈 애니메이션으로 꼽히며 2006년 '채널4'에서 제작한 다큐멘터리 〈The 100 Greatest Cartoons〉에서 〈심슨 가족〉, 〈톰과 제리〉에 이어 3위에 랭크되기도 했다. 종이로 만든 캐릭터가 〈사우스 파크〉의 가장 눈에 띄는 특징. 실제로 맨 첫 화는 제작자인 트레이 파커와 맷 스톤이 수작업으로 종이를 오리고 붙여 움직이고 찍는 스톱모션 방식으로 제작됐다. 배경은 미국의 한적한 산골 마을 사우스 파크. 주요 등장인물인 스탠, 카일, 에릭, 케니는 초등학생이지만 만화가 다루는 내용은 정치와 섹스를 비롯한 성인 콘텐츠다. 〈심슨 가족〉이 고품격 블랙코미디라면 〈사우스 파크〉는 대놓고 조롱하는 막장 코미디랄까. 매회 제작진에게 무수한 항의와 비난이 쏟아지지만 그 이상의 절대적인 지지도 얻고 있다. 제작진 마음에 드는 아이템은 반복적으로 사용하고, 싫어하는 사안에 대해서도 반복적으로 비난한다. 좀비 관련 에피소드는 지속적으로 등장하며 극 중에서는 'Pinkeye' 현상이라 부른다. 마이클 잭슨의 "Thriller" 패러디 장면은 너무나 유명하고, 전용 '좀비 송'까지 만들었다.

산카레아 さんかれあ 만화

미국에 〈웜 바디스〉가 있다면 일본에는 〈산카레아〉가 있다. 대체로 아니 절대적으로 혐오의 대상에 가까운 좀비를 '모에'(萌え, 싹이 튼다는 뜻으로 만화나 애니메이션에 등장하는 여성 캐릭터에 대한 사랑이나 호감을 말하는 일본어 표현)화시키는 데 성공한 작품. 좀비 마니아 고교생 치히로는 키우던 고양이 '바부'가 죽자 이를 되살리기 위해 밤마다 폐허가 된 병원에서 시체를 소생시킬 수 있는 약물을 제조하기 위한 실험을 반복한다. 레아를 만난 그날 밤도 실험

산카레아

을 하러 간 참이었다. 레아는 이웃 명문 여고의 수재료, 명
문가의 아름다운 소녀. 집착에 가까운 아버지의 통제 탓에
밤에 몰래 빠져나와 우물에 대고 소리 지르는 걸로 답답함
을 해소하고 있었던 것이다. 둘은 그렇게 친구가 되고, 레아
는 밤마다 몰래 빠져나와 소리를 지르는 대신, 치히로의 실
험을 돕는다. 그런데 아버지에게 치히로와의 밀회를 들켜
버려 레아는 집에 감금당한다. 그녀의 아버지가 치히로를
해칠 거라는 얘길 듣고 또다시 몰래 집을 빠져나와 폐병원
으로 가던 중 아버지를 만난 레아. 용감하게 아버지에게 대
들다 불의의 사고로 죽어 버린다. … 죽어 버린 줄 알았지만
치히로와 함께 실험으로 만든 약을 직접 먹는 신약 실험을
한지라 곧 좀비로 부활한다. 좀비 마니아인 치히로에겐 더
없이 기쁜 소식일진 모르나 예쁜 레아의 몸은 아무리 관리
를 해도 조금씩 썩어 들어가고, 뇌도 조금씩 잠식당하기 시
작한다. 이왕 죽었다 살아났으니 부녀 간의 문제를 풀고 싶
지만 이 역시 쉽지 않다. ▶하토리 미츠루 지음

좀비영화의 전설은 〈살아 있는 시체들의 밤〉으로 시작되었다. 그런데 '살아 있는 시체'라면 흔히 좀비를 생각하겠지만 〈살아 있는 시체들의 밤〉에는 '좀비'라는 단어가 나오지 않는다. 그렇다면 〈살아 있는 시체들의 밤〉에 등장하는 '살아 있는 시체'는 무엇일까? 적어도 부두교의 주문으로 살아나지 않은 것은 분명하다. 영화 속 TV에서는 인공위성에서 발사된 전파 때문에 생겨난 괴현상이라고 말하지만, 진실은 알 수 없다. 단지 분명한 것은, 무덤 속의 시체가 살아나고, 그 시체는 살아 있는 사람들의 살을 뜯어 먹으며, 시체에게 물린 사람은 일단 죽은 후에 다시 깨어난다는 것이다. 조지 A. 로메로는 그들을 단지 '살아 있는 시체'라고만 부른다.

조지 A. 로메로가 군이 좀비라는 용어를 사용하지 않은 이유는 무엇일까. 거칠게 추정한다면, 신비적인 요소를 배제하려는 이유가 아니었을까? 누군가의 저주 때문에 시체가 깨어나는 것이 아니라, 사회적인 이유나 음모 때문에 대중이 '살아 있는 시체'로 변해 간다는 것을 의미하려는 것이 아니었을까? 매스미디어로 알게 되는 정보는 사실 정부 기관에 의해 통제되는 것이고, 대중은 그런 상징조작에 의하여 '집단의 광기'를 보이게 된다는 것을 말하려는 것은 아니었을까? 조지 A. 로메로의 '시체 3부작'을 보면, 어느 정도는 분명하게 알 수 있다. 〈이블 헌터〉에서는 쇼핑 중독에 걸린 대중의 모습을 보게 되고, 〈죽음의 날〉에서는 군사기지에 갇힌 군인들의 모습에서 냉전의 시대를 읽을 수 있다.

사실 부두교에서 저주를 내리는 좀비는, 시체가 깨어난 존재가 아니다. 원한을 가진 사람이 주술사를 찾아가면, 주술사는 약물을 하나 준다. 그 사람이 약물을 복용하면 심장이 멈추게 된다. 하지만 죽은 것이 아니라 가사 상태에 빠진 것이다. 장례를 치른 후에, 그에게 어떤 약물을 다시 먹

살아 있는 시체들의 밤

이면 가사 상태에서는 풀려나지만 의식이 완전하지가 않다. 약간의 치매 상태가 되는 것이다. 과거를 제대로 기억하지 못하고, 현실의 판단력이 뒤떨어지는 상태가 된 좀비는 어디론가 팔려 간다. 단순노동에 쓰기 위하여. 그래서 좀비란 단어는, 그처럼 의식이 온전치 못한 사람을 일컫는 말이기도 하다. 조지 A. 로메로는 자신의 주관이 뚜렷하지 못하고, 거대한 매스미디어나 누군가에게 끌려만 다니는 사람들을 비판하기 위하여 좀비란 의미를 차용한 것이다.

〈살아 있는 시체들의 밤〉은 바바라와 오빠가 성묘를 가는 장면에서 시작한다. 그들은 매우 형식적으로 성묘를 한다. 마음으로 원하는 것이 아니라, 해야 하기 때문에 하는 것이다. 오빠는 노골적으로 거부하지만, 바바라는 적어도 형식만은 지킨다. 성묘를 한 직후 좀비에게 공격을 받아, 오빠는 좀비가 되고 바바라는 도망친다. 그런데 이후 바바라의 행동은 이해할 수가 없다. 바바라는 좀비처럼, 합리적인 판단을 내리지 못하고 무기력한 모습으로 일관한다. 반면 빈집으로 함께 도망친 흑인 벤은, 바로 판단을 내리고 바로 행동한다. 벤이 창문과 문을 막을 때도 가만히 소파에 앉아 있기만 하는 바바라의 행동은 좀비처럼 무기력하다. 일상적인 상황에서는 자신의 입장을 분명하게 주장하지만, 보편적인 일상에서 벗어난 예외적인 상황에서는 무기력한 인간, 그것이 바로 좀비의 모습이 아닐까. 주체적인 생각이 없고, 아무런 행동도 하지 못하는 인간.

〈살아 있는 시체들의 밤〉의 마지막 장면은 충격적이다. 집 안으로 들어오려는 좀비들을 겨우 막아내고 살아남은 벤은, 총소리에 깨어난다. 깨어난 시체들을 두려워했던 사람들은 이제, 좀비가 무엇인지 알게 되었고 소탕 작전에 나선다. 카우보이 모자에 엽총을 든 백인들은 마치, 도망친 흑인 노예들을 잡으러 나선 노예주의 모습 같다. 그들은 아무런 가책 없이 좀비들을 사냥한다. 아주 즐거운 표정으로, 농담을 나누며. 아마 그들의 아버지와 할아버지는, 그렇게 흑인들을 죽였을 것이다. 총소리를 듣고 밖을 내다보던 벤은, 그 백인의 총에 맞아 숨진다. 어떤 확인 절차도 없이, 그들은 낯선 사람을 죽인다. 흑인을 죽여 버린다. 그들이 총을 쏘는 대상은 결코 인간이 아니라, 살아 있는 시체라고 생각하면서. 그것이야말로 집단의 광기이고, 횡포다. 그리고 그 장면은 〈이지 라이더〉에서 주민들이 오토바이를 타고 가던 히피족을 단지 기분 나쁘다는 이유만으로 총으로 쏴 죽이는 마지막 장면과 연결된다.

〈살아 있는 시체들의 밤〉이 나온 1968년은 베트남전이 한창이던 시기였다. 그해, 마틴 루터 킹이 암살되었다. 당시에는 누구나 미쳐 있었다고도 할 수 있다. 베트남전은 미국 역사에서 가장 중요한 사건 중 하나다. 적어도 1950년대까지, 미국인들은 자기 자신을 믿고 있었다. 그들은 유럽과 아시아의 구원자였고, 세계의 평화를 선도하는 국가였다. 하지만 베트남전은 모든 것을 바꾸었다. 그건 평화를 위한 성전이 아니라 침략이었고, 그들의 정부는 거짓말을 하고 있었다. 미국 사회는 분열되었고, 모든 것은 회의에 빠져들었다. 젊은이들은 기성세대와 정부를 신뢰하지 않았다. 〈이지 라이더〉에서 선량한 남부의 농민들은, 오토바이를 타고 도로를 질주하는 '폭주족'을 그냥 쏴 버린다. 우리들과 다르다는 이유만으로, 아무런 가책 없이 살인을 한다. 당시 베트남전은 그런 살인이 수시로 벌어지는 지옥이었다. 아무런 정당성도 없이 타인의 나라에서, 이유 없는 살인을 한다. 누가 병사이고, 누가 민간인인지 알 수 없는 상황에서, 그들은 모두를 죽여 버렸다. 단지 자신과 다르다는 이유로, 다른 생각을 한다는 이유로. 베트남전은 미국인들 스스로를 혼돈에 빠트린 전쟁이었다. 더 이상 무엇이 진실인지, 누가 동료인지 알 수 없게 만들었다.

종교적으로 생각한다면, 좀비는 일종의 부활이다. 성경의 묵시록에서 종말이 오면 죽은 자들이 깨어난다고 했다. 죄 없는 자들은 하늘로 들어 올려 천국으로 향하고, 지상에는 영혼 없는 죄지은 자들만이 남는다. 살아 있는 시체란, 바로 그들일 수도 있다. 역설적으로 생각한다면, 바로 우리들 현대인이 천국으로 가지 못한 '살아 있는 시체'인 것이다. 조지 A. 로메로의 좀비 3부작에서, 좀비는 바로 현대인의 자화상이다. 한없이 가련하면서도 포악한 살인자이고, 이성적이면서도 종종 광기의 지배를 받는 우리들. 좀비 3부작이 심오하면서도 예리한 문명 비판으로 읽히는 이유는 그

것이다. ▶감독 조지 A. 로메로, 출연 듀언 존스·주디스 오디어, 1968

살아 있는 시체들의 밤 Night of the Living Dead 영화

특수 효과 전문가이며 〈황혼에서 새벽까지〉 등의 영화에 출연하기도 했던 톰 사비니가 좀비영화의 고전을 리메이크한 영화. 지나치게 원작의 무게에 눌려 영화는 심심하지만, 자신의 전문성을 잘 살려 만들어 낸 좀비들의 특수 효과는 볼만하다. ▶감독 톰 사비니, 출연 토니 토드·패트리샤 톨먼, 1990

살아 있는 시체들의 밤 3D
Night of the Living Dead 3D: Re-Animation 영화

제프리 콤즈의 출연에도 불구하고 별 볼 일 없는 리메이크작. ▶감독 제프 브로드스트릿, 출연 앤드류 디보프·제프리 콤즈, 2012

살아 있는 시체의 죽음 소설

좀비 탐정이 등장하는 기상천외한 미스터리 소설. 와세다대학교 미스터리클럽 시절부터 평론을 시작하여 유명해진 작가 야마구치 마사야는 데뷔작 〈살아 있는 시체의 죽음〉에서 조지 A. 로메로의 〈살아 있는 시체들의 밤〉을 인용하는 것은 물론 동서고금 미스터리에 대한 해박한 지식을 선보인다. 트릭 역시 기발하여 1989년 출간 당시 찬사를 받았다. 무대는 미국 뉴잉글랜드의 툼스빌. 공동묘지를 경영하는 발리콘 가문에서 일어나는 연쇄살인극을 풀어 나가는 이야기다. 아버지의 유산을 받기 위해 고향으로 돌아온 펑크족 청년 그린은 할아버지의 초콜릿을 먹다가 죽어 버린다. 하지만 곧 살아난 그린은 일단 몸을 방부 처리하고, 자신이 죽었다는 사실을 가족들에게는 숨긴다. 그리고 진실

을 파헤치기 시작한다. ▶ 야마구치 마사야 지음

살아있다 웹툰

성인을 위한 만화 콘텐츠 플랫폼 '탑툰'에서 연재되는 좀비 만화인 만큼 다른 웹툰에 비해 징그럽고 무서운 좀비의 생태, 좀비에게 쫓기고 퇴치하는 인간의 액션을 여과 없이 상세히 묘사한 작품. 첫 번째 에피소드인 '아내' 편은 좀비로 변한 아내를 집 안에 격리해 놓고 도저히 다른 좀비처럼 '처치'해 버리지 못하고 어렵사리 구해온 식량을 먹이는 남편의 시점에서 이야기가 전개된다. ▶ 3_4 지음

새벽의 저주 Dawn of the Dead 영화

간호사인 안나는 새벽에 집에 돌아가 잠을 자다가 이상한 소리를 듣는다. 앞집 아이가 침실에 들어왔던 것. 남편이 아이에게 팔을 벌리며 부르자 아이가 달려들어 목을 물어뜯는다. 겨우 욕실을 통해 도망친 안나는, 남편이 좀비가 되어 달려드는 것을 보게 된다. 차에 타고, 이미 전쟁터가 되어 버린 교외의 주택가를 빠져나와 도로를 달리는데 부감으로 잡힌 도시의 풍경은 아비규환이다. 〈새벽의 저주〉의 첫 장면은 그야말로 숨을 쉴 수 없을 정도로 몰아치며 섬뜩함을 안겨 준다. 오프닝만으로도 이미 〈새벽의 저주〉는 걸작이다.

조지 A. 로메로의 '살아 있는 시체' 3부작은, 물질적인 욕망이 모든 것을 지배하는 현대 사회를 풍자했다. 좀비는 악의 상징인 동시에 우리의 자화상이었다. 그런 점에서 로메로의 3부작은 걸작이다. 그러나 로메로의 영화는 대중적인 인기를 얻지는 못했다. 영화사에 남을 걸작인 것은 분명하지만, 지나치게 심오했고, 또한 잔인했다. 〈새벽의 저주〉를 리메이크한 잭 스나이더 감독은 그런 사실을 분명히 알고 있다. 1970년대의 공포영화는 현대 공포영화의 스타일

새벽의 저주

을 완성시켰지만, 그 문법이 21세기에도 유효하지는 않다. 잭 스나이더는 〈새벽의 저주〉를 좀비 '액션' 영화로 바꾸어 버린다. MTV와 함께 성장한 요즘 관객들은 느린 좀비를 두려워하지 않는다. 그래서 〈새벽의 저주〉의 좀비들은 점 프를 하고, 뛰어다니며 맹수처럼 인간을 공격한다. 〈새벽의 저주〉의 쾌감은 공포영화를 넘어 대중적인 액션영화의 그 것이다. 걸작의 무게에 짓눌리지 않고, 요즘 관객이 좋아하 는 대중적인 공포영화가 된 것이다. 남성을 이끌어 가는 강 력한 여성 캐릭터와 뮤직비디오처럼 관객의 감성을 흔들어 대는 음악과 영상의 조화는 〈새벽의 저주〉의 감상을 더욱 즐겁게 한다. 〈새벽의 저주〉로 대성공을 거둔 잭 스나이더 는 이후 〈300〉, 슈퍼히어로 코믹스의 걸작을 영화화한 〈왓 치맨〉, 그리고 슈퍼맨을 리부팅한 〈맨 오브 스틸〉을 만드는 등 승승장구하게 된다. ▶감독 잭 스나이더, 출연 사라 폴리· 빙 레임즈, 2004

공포영화에서 패러디가 등장하는 것은 당연한 일이다. 비현실적인 소재와 과장법이 등장할 수밖에 없는 공포 장르의 특성상 조금만 비틀면 〈이블 데드 2〉처럼 기발한 코미디가 된다. 좀비물에도 패러디할 요소는 넘치고 넘쳤다. 코믹했던 〈바탈리언〉(Return of the Living Dead) 시리즈는 물론이고, 진지한 좀비물에서도 웃음을 자아내는 장면은 의외로 많다. 그러니 〈새벽의 황당한 저주〉처럼 작정하고 웃겨 보자는 좀비물이 나온 건 필연적이다. 게다가 싸구려 제작사에서 돈이나 벌어 보자고 만든 저예산 영화가 아니라, 영국 로맨틱 코미디의 명가 워킹타이틀이 만든 '본격' 코믹 좀비물이라니. 누구도 예상하지 못했던 영화사의 야심작이었는데, 그야말로 모든 사람을 깜짝 놀라게 했다. 너무 웃기고, 좀비물의 공식을 기막히게 활용해서.

〈새벽의 황당한 저주〉의 오프닝 장면은 대형 마트의 계산대, 통근버스를 기다리는 사람들, 교외 주택가의 똑같은 집과 차들, 아침에 어정거리며 침대에서 걸어 나와 하품하는 숀의 모습이다. 배경음악만 잘 깔면, 그것만으로도 우리가 좀비들의 세상에 살고 있음을 느낄 수 있다. 게다가 숀은 서른을 목전에 둔 나이에, 별다른 인생의 목적도 없이 전자 제품 가게의 매니저로 일하고 있다. 친구는 백수이고, 직업에 불만은 있지만 의욕은 안 생기고…. 그러다 애인에게 차이고 술에 취해 엉망이 된다. 다음 날, 술에서 깨어난 숀의 눈에 좀비의 세상이 펼쳐진다.

〈새벽의 황당한 저주〉는 영국 특유의 신랄한 유머와 〈트레인스포팅〉, 그리고 요즘 코미디의 유행인 '찌질이'들의 수난과 난동을 그린 〈행오버〉, 〈슈퍼배드〉 등을 마구 뒤섞은 칵테일 같다. 엄청난 완성도를 자랑하기보다는, 재미있는 농담과 조롱 심지어 액션까지 마구잡이로 튀어나온다. 좀비영화의 공식 중 하나인, 가족이나 연인 혹은 친구가 좀비로 변했을 때 보여 주는 고뇌와 갈등도 기발한 방식으로 처리한다. 끝나 버린 세상에서, 가장 유쾌하게 즐기는 방법을 〈새벽의 황당한 저주〉는 보여 준다. 코미디와 공포에 끝내주는 전통을 가진, 그야말로 영국의 승리다. ▶감독 에드가 라이트, 출연 사이먼 페그·닉 프로스트·케이트 애쉬필드, 2004

새벽의 황당한 저주

서바이벌 오브 데드 Survival of the Dead 영화

조그마한 섬에서 두 집단이 갈등을 일으키고, 서로 다투는 와중에 좀비를 끌어들인다는 설정. 좀비보다 인간이 더 나쁜 놈이고, 좀비가 아무리 창궐해도 인간은 어찌저찌 살아남을 것이라는 것을 보여 준다. 하지만 이미 좀지영화의 '거장' 조지 A. 로메로가 나이가 들었고, 기력이 떨어졌음을 보여 주는 영화. ▶감독 조지 A. 로메로, 출연 알란 반 스프랭· 케네스 웰시, 2009

서바이벌 오브 데드

섬 그리고 좀비 [소설]

좀비소설만을 대상으로 하는 ZA문학상 1회 수상 작품집. 홀로 아파트에 머물면서 날마다 생존 게임을 벌이는 남자의 일상을 그린 대상 수상작 〈섬〉, 용산에서 바이러스가 시작되고, 감염된 시민들을 세종시의 수용소에 몰아넣는 등 정치적 비유가 강한 〈어둠의 맛〉 등 '좀비'를 둘러싼 다양한 '한국'의 이야기를 만날 수 있다. ▶백상준 외 지음

세계대전 Z World War Z 소설 영화

'좀비가 나타나면 어떻게 될까'는 이미 많이 봤다. 사람들을 공격하고, 희생자가 좀비가 되고 기하급수적으로 불어나는 좀비들이 세계를 종말로 이끈다. 그렇다면 그것이야말로 핵폭탄보다도 더 피해가 큰 전쟁, 또 하나의 세계대전이 되진 않을까? 맥스 브룩스는 좀비가 나타났을 때의 상황을 세세하게 그려 낸다. 그런데 형식이 독특하다. 이미 '세계대전 Z'라고 명명된 좀비와의 전쟁을 시간이 지난 후 UN에

세계대전 Z

보고서를 쓰는 것처럼 만든 것이다. 좀비와의 전쟁이 일단락된 후, 전쟁이 어떻게 시작되었는지, 그 상황이 어땠는지 등등을 각 지역별로 목격자를 중심으로 인터뷰해 직접 이야기를 듣는 다큐멘터리처럼 구성한 것이다. 또한 세계 각국의 정·재계 인사와 군사 전문가, 과학자, 일반 생존자 등 다양한 인종과 직업의 사람들을 만난 인터뷰도 있다. 안보를 위해서라며 쉬쉬하다가 결국 최악의 피해를 불러온 미국 정부, 모든 것을 비밀로 감추다가 내전 상황에까지 몰린 중국 정부를 비판하는가 하면 좀비 계몽영화를 만든 감독, 은둔형 외톨이였다가 일본을 구한 영웅이 되는 소년, 좀비를 따라 행동하는 퀴즐링 등 '좀비'가 등장했을 때 과연 어떤 일들이 벌어질 것인지를 전방위적으로 그려 낸다.

영화로 만들어진 〈세계대전 Z〉는 다큐멘터리적 구성을 포기하고 좀비들이 세계를 공격하고 장악하는 말 그대로의 '세계 대전'을 그리는 액션 블록버스터로 만들어졌다.▶원작 맥스 브룩스(2007), 감독 마크 포스터, 출연 브래드 피트·미레일 에노스, 2013

세계대전 Z 외전 [소설]

〈세계대전 Z 외전〉은 좀비와의 전쟁에서 파생된 다양한 이야기를 그린 단편집이다. 전작에서 이어지는 내용도 있고, 뱀파이어를 등장시켜 모든 것을 파괴하기만 하는 좀비 바이러스와 싸우는 이야기를 그리기도 한다.▶맥스 브룩스 지음

세일러 좀비 セーラーゾンビ [드라마]

2014년 2분기에 방영한 금요일 심야 일본 드라마. 캐치프레이즈는 '좀비 vs 여고생'. 주연은 오와다 나나, 가와에이 리나, 타카하시 주리 3인으로 모두 일본의 거대 아이돌 그룹 'AKB 48'의 멤버이다. 좀비 바이러스의 습격으로 전 세계가

초토화된 지 두 달 후. 어느 여학교에서는 살아남은 여고생들이 미증유의 상황에서도 씩씩하게 버티며 평범한 학교생활을 하기 위해 노력한다. 그런 중에 라디오에서 흘러나오는 어떤 특정한 노래에 좀비가 반응해 하던 행동을 멈추고 춤을 춘다는 사실을 알게 되었다. 여고생들은 이 곡을 지니고 있으면 안전할 거란 생각에 음원을 찾아보지만 어떤 노래인지 전혀 단서가 없는 상황. 심야드라마 다운 자유로운 발상과 연출이 돋보이는, 유쾌한 좀비 아포칼립스물. ▶도쿄TV

세일러 좀비

셀 소설

'공포의 제왕' 스티븐 킹의 좀비소설. 스티븐 킹이 제안한 인간 좀비화의 수단은 바로 휴대전화의 전자파다. 휴대전화에서 나오는 전자파가 사람들의 뇌를 포맷해 버리면서 야수로 만들어 버린 것이다. 갑자기 사람들이 미쳐 날뛰면서 거리는 순식간에 아수라장이 된다. 전파에 노출되지 않은 사람들은 휴대전화의 송신탑이 없는 시골이나 산을 찾아 떠난다. 뇌가 포맷되어 버린 미치광이들은 무리를 짓고, 집단 지능이 가능해지면서 새로운 인류가 될 가능성을 보인다. 단지 좀비들의 살육극에 만족하지 않고 탁월한 종말의 묵시록을 그려 내고 있다. ▸스티븐 킹 지음

소녀좀비 少女ゾンビ 만화

〈요새학원〉, 〈헬스 앤젤스〉(Hells Angels) 등으로 알려진 히로모토 신이치의 한 권짜리 만화다. 2025년, 사람이 사라지고 좀비가 활보하는 일본에서 유일한 인간일지도 모르는 주인공 소노미가 느끼는 행복과 혼란의 일상을 그린 좀비 액션. 그런데 좀비만 남은 세계에 홀로 인간이라면, 그건 누가 세계의 주인일까? 세계는 좀비의 것일까, 아니면 인간의 것일까. 좀비에 대한 애정이 평소 남다르다고 알려진 히로모토 신이치가 그려낸 이 작품은 스토리 이상의 멋진 작화로도 주목받았다. ▸히로모토 신이치 지음

소림강시 2012 영화

강시들이 할리우드의 좀비처럼 변한 강시영화. ▸감독 공상덕, 출연 유가휘·변소황, 2004

스릴러 Thriller 음악

6세 때 잭슨 파이브의 리드 싱어로 데뷔, 빌보드 차트 정상을 차지한 이래 2009년 50세를 일기로 사망할 때까지 평

스릴러

생을 스타로 살았던 팝의 제왕, 마이클 잭슨. "스릴러"는 마이클 잭슨이 1982년에 발표한 동명 앨범의 타이틀 곡이다. 1982년에 발매한 이후 1억 장 이상 팔려 역사상 가장 많이 팔린 앨범으로 기록되고 있으며 곡 "스릴러" 뮤직비디오는 14분짜리 대작으로 그 문화적 위상에 있어 뮤직비디오 사상 가장 획기적인 작품 중 하나로 꼽힌다. 극장에서 늑대인간 영화를 같이 보던 여자친구가 도중에 나가 버리자, 마이클 잭슨이 뒤따라간다. 안개 낀 밤길, 무덤 속에서 시체들이 기어 나와 이들을 어기적어기적 포위한다. 겁에 질린 여자가 마이클 잭슨을 쳐다보자 그도 좀비가 되어 있다. 8분 40초, 좀비의 군무가 시작된다. 마이클 잭슨을 포함해 모두 20명의 좀비가 벌이는 이 춤은 수많은 장르에서 패러디,

오마주 소재가 될 만큼 장관이다. 여자는 점점 더 공포에 질리는데, 잭슨이 부르는 가사처럼 그것은 "지금은 전율의 밤이기 때문"(Cause this is thriller, thriller night)이고 "누구도 당신을 괴물의 습격에서 구해주지 않을 것"(no one's gonna save you from the beast about strike)이니까. 존 랜디스(John Landis)가 연출한 이 뮤직비디오엔 20대 초반 마이클 잭슨의 모습이 눈부시게 빛난다. ▶마이클 잭슨

스카우트 가이드 투 더 좀비 아포칼립스
Scouts Guide to The Zombie Apocalypse 영화

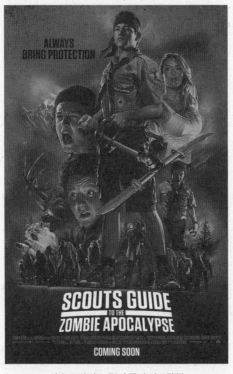

스카우트 가이드 투 더 좀비 아포칼립스

어렸을 때부터 보이 스카우트를 했던 세 친구. 하지만 오기를 제외한 벤과 카터는 반바지 제복을 입고 캠핑을 하는 것이 이제 창피하다고 생각한다. 파티에서 여자를 만나는 것이 더 중요하다고 믿는 사춘기이니까. 그런데 마을에 좀비가 나타나면서 상황이 바뀐다. 처음에는 그저 도망만 치던 벤과 카터는 보이스카웃에서 배운 기술을 이용하여 좀비를 물리치는 헌터로 변신한다. 자연에서 살아남기 위한 서바이벌 기술이 좀비와의 생존 게임에서 위력을 발휘한 것이다. 하지만 진지한 영화는 전혀 아니고, 〈아메리칸 파이〉 같은 섹시한 청춘 코미디를 좀비물과 결합시킨 유쾌한 영화다. 좀비로 변해 버린 거유 경찰을 본 카터의 행동은 청춘 엽기 코미디가 아니면 나올 수 없는 발상이다. 좀비도 섹시할 수 있고, 좀비와 싸우는 여전사는 당연히 더 섹시하다.▸감독 크리스토퍼 랜던, 출연 할스톤 세이지·타이 쉐리던·사라 말라쿨 레인, 2015

스텁스 더 좀비 Stubbs The Zombie 게임

이번엔 플레이어가 좀비가 된다. 인간 시절 자신이 사랑하던 여자의 아버지에게 목숨을 잃은 비운의 주인공이 좀비로 부활해 '펄치볼'이란 도시를 박살 내고 인간을 마구 덮치는 게임. 고어 성향이 강한 게임이긴 하나, 플레이하다 보면 웃긴다. 그도 그럴 것이, 방귀를 뀌어 주변 인간들을 무방비 상태로 만들고, 자기 내장을 뽑아서 폭탄으로 던지며, 머리를 뽑아 볼링공마냥 굴리면 인간들은 볼링핀처럼 와르르 무너진다. 휘파람을 불면 이미 좀비로 변한 자들이 몰려와 적(인간)과의 대치 상태에 유용하게 써먹을 수 있다. 인해전술로 어지럽히거나, 바리케이드로 쓰거나. 도시를 대표하는 시장이 끝판 보스로 버티고 있다. 하지만 그전에 처치해야 할 인간들이 너무나 많다!▸와이드로즈 게임즈

스테이시 ステーシー [영화]

근미래, 소녀들이 갑자기 죽고 좀비가 된다. 그들을 '스테이시'라고 부르는데, 그녀들은 죽기 직전 행복한 상태를 느끼게 되고, 그들을 없애는 방법은 165조각으로 분해하는 '재살'뿐이다. 재살을 할 수 있는 것은 그녀의 가족이거나 '로메로'라 불리는 전문 기관뿐. 고어 장면도 많지만, 기묘한 로맨스도 섞여 있다. 좀비가 생겨나는 원인을 '사랑'의 부재로 지적하는 것은 흥미롭다. 일본 B급 좀비영화의 흐름을 만들어낸 시발점. ▶감독 토모마츠 나오유키, 출연 하야시 토모카·노먼 잉글랜드, 2001

스테이시

스테이크 랜드 Stake Land [영화]

뱀파이어 좀비들이 출몰하여 정부 기능이 완전히 마비되어 버린 세상. 가족들이 모두 살해된 마틴은 좀비 사냥꾼

미스터와 함께 다니게 된다. 그런데 이 미친 세상의 적은 좀비만이 아니라 사람들을 미망으로 이끄는 광신도 집단도 막강하다. 기독교 원리주의가 점점 힘이 세지는 미국에서, 광신도들을 비판하는 좀비영화. 꽤 잔인하고, 여운도 남는다. ▶ 감독 짐 믹클, 출연 코너 파울러·닉 다미시, 2010

스펙터 Spectre

일반적으로 넓은 의미의 유령을 가리키며, '브로켄의 요괴'(태양을 등지고 산꼭대기에 섰을 때 구름에 크게 비치는 자신의 그림자) 등의 환각 현상을 뜻하기도 한다.

슬리더 Slither 영화

좀비의 이유를 외계에서 찾는 것도 충분히 설득력이 있다. 외계인 침공 영화의 대명사라고 할 〈바디 스내처〉에서 식물형 외계인에게 공격당한 사람들은 모두 좀비처럼 변한다. 겉모습도 멀쩡하고, 대화도 하지만 그들은 오로지 외계인이 시키는 말과 행동밖에 하지 못한다. 리메이크작인 〈외계의 침입자〉에서 인간을 발견한 '좀비'들이 입을 한껏 벌리고 기괴한 비명을 지르는 장면을 보고 있으면 그런 생각이 절로 들 것이다.

제임스 건의 SF 호러 〈슬리더〉는 좀비가 외계인에 의해 만들어진 것임을 제대로 보여준다. 1950년대에 유행했던 외계인 침공 영화가 흔히 그렇듯 외계에서 소행성이 다가온다. 부자이고, 아리따운 아내도 있는 남자 그랜트는 여느 날처럼 술에 취한 채 숲에 들어갔다가 번들거리는 물체를 본다. 그 안에서 나온 끈적거리고 징그럽게 생긴 연체동물 같은 것이 그랜트의 몸에 달라붙는다. 그랜트가 감염된 이후 미국 농장에서 가끔 나타나는, 가축들이 예리한 뭔가로 마치 외과 수술처럼 잔인하게 잘려나간 사건들이 일어난다. 그랜트의 아내 역시 집 안에서 나는 이상한 소리와 냄새를 수상하게 여긴다. 그 모든 것은 유충을 만들어 내기 위한 그랜트의 짓이었다. 유충이 사방으로 퍼져 나가자, 사람들은 좀비 같은 괴물로 변해 버린다. 뭔가 끔찍하고 소름 끼치는 상황이지만 〈슬리더〉는 유쾌한 코믹 호러물이다. 50년대 SF영화를 패러디하면서, 좀비영화의 관습까지도 자유자재로 가지고 논다. 아주 재미있고 흥미롭다. ▶감독 제임스건. 출연 나단 필리온·엘리자베스 뱅크스, 2006

슬리더

시체들의 새벽 L'Alba Dei Morti Viventi 음악

프로그레시브 록그룹 고블린은 발표한 대부분의 곡을 공포영화 감독 다리오 아르젠토의 영화를 위한 사운드트랙으로 만든 밴드. 1970년대 초반 '체리 파이브'라는 이름으로 활동했지만 크게 각광받진 못했고 1975년 밴드명을 '고블린'으로 개명하며 데뷔 앨범 'Profondo Gosso'를 발표하고, 그 뒤로 음습하고 무서운 분위기의 프로그레시브 록을 연주하는 밴드로 자리매김했다. 영화 〈서스페리아〉의 경우, 다리오 아르젠토 감독이 고블린의 음악을 듣고 그 분위기와 흐름에 맞춰 시나리오를 수정하며 영화를 찍었다는 이야기도 전해진다. "L'Alba Dei Morti Viventi"는 이들의 인기곡이자, 〈살아 있는 시체들의 밤 2: 시체들의 새벽〉의 이탈리아어 제목이다. ▶고블린

시티 오브 리빙 데드 City of the Living Dead 영화

시티 오브 리빙 데드

〈좀비〉의 루치오 풀치가 만든 오컬트 좀비영화. 좀비의 비중은 크지 않다. 영매술을 하다가 의식을 잃은 메리는 한 신부가 자살하여 지옥문이 열리고 죽은 자들이 깨어나는 것을 보게 된다. 세상의 종말을 막기 위해 신부가 자살한 던위치 마을을 찾는데, 신부는 이미 악마가 되어 있었다. 루치오 풀치답게 고어 장면들이 멋지다. ▶ 감독 루치오 풀치, 출연 크리스토퍼 조지·카를로 드 메조, 1980

아메리칸 좀비 American Zombie 영화

페이크 다큐를 이용하여, 좀비의 세계를 파헤쳐 본다는 내용의 영화. LA에는 '좀비'라 불리는 자들이 있다. 좀비들의 비밀을 캐내 떠보려는 존 솔로몬과 그들에 대한 비인간적인 처우를 고발하려는 그레이스 리는 함께 다큐멘터리를 만들기로 한다. 그들은 좀비들의 큰 행사인 'Live Dead'에 잠입하여 모든 것을 찍기로 한다. 한국 자본으로, 한국계 감독이 만든 인디 영화. ▶감독 그레이스 리, 출연 오스틴 베이시스·수지 나카무라, 2007

아브라함 링컨 VS 좀비
Abraham Lincoln VS Zombies 영화

〈링컨: 뱀파이어 헌터〉가 나온다니까 급조한 좀비영화. 할리우드도 싸구려 영화는 엄청나게 많이 만든다. 다만 한국에까지 수입되지 않을 뿐. 특히 블록버스터나 이슈가 되는 영화가 있으면 적당히 베끼거나 패러디를 빙자한 싸구려 영화들이 속출한다. 〈아브라함 링컨 VS 좀비〉도 마찬가지. '남북전쟁에 링컨이 나갔더니 좀비가 있더라'는 설정인데 재미도 없고, 감동도 없다. ▶감독 리처드 쉔크만, 출연 빌 오버스트 주니어·켄트 이글하트, 2012

아이 앰 어 히어로 アイアムアヒーロー 만화

한때 자기 만화를 잡지에 연재한 적도 있지만, 작품 조기 연재 종료 이후 새 작품을 그리지 못하고 다른 만화가의 어시스턴트로 생계를 유지하고 있는 주인공, 히데오는 단적으로 '루저'다. 사교성 없고, 그래서 타인에 대한 배려도 어설프며 (남들이 알면 비웃을) 자기만의 세계를 갖고 있으며 자기보다 잘난 사람에 대한 열등감을 겨우 억누르고 산다. 보통 우리가 머릿속으로 그리는 '완벽한 루저'의 요건에 딱 하나 빠지는 게 있다면 그에겐 여자친구가 있다는 것. 그것

아이 앰 어 히어로

도 동종 업계에서 일해 자신을 이해해 주는 여자친구가. 그
토록 소중한 여자친구가 어느 날 갑자기 좀비가 되어 그를
공격하면서 루저의 좀비 아포칼립스는 막을 올린다. 음, 사
실 갑자기 좀비의 세계로 내팽개쳐지는 건 아니다. 〈아이 앰
어 히어로〉는 만화의 시작과 동시에 세상에 좀비가 출현했
다는 사실을 우회적으로 알린다. 만화 마감에 여념이 없는
화실의 배경음으로 '후쿠시마에서 35세 남성이 초등학교 3
학년 여자아이의 머리와 팔을 물어뜯었다'는 뉴스가 흐르
고, 여자친구는 갑자기 지나가던 놈이 자길 물어뜯었다며

푸념한다. 잘게 흩어져 있어 그것이 모두 한 가지 사실을 가리키고 있다는 것조차 깨닫지 못했던 히데오. 그리고 대부분의 사람들은 도심 한복판에 온 몸이 충혈되고 뒤틀린 인간들이 평온한 일상을 찢고 들어오고 나서야 마침내 현실을 받아들인다. 이제 우리가 살던 어제는 더 이상 다시 오지 않을, 마지막 평화였다는 걸. 히데오는 어디로 가야 할지도 모르면서 무작정 도망치기 시작한다. 평소 소중히 다뤘던 총을 챙겨 들고.

〈아이 앰 어 히어로〉의 좀비들은 여느 작품에서의 그것과는 조금 다른 점이 있다. 이미 죽은 몸이긴 하나 생전에 신경 쓰던 것들에 대한 집착이 남은 것일까? 한 단어 정도는 말을 한다. 시장을 보고 돌아오던 길에 좀비가 된 어느 가정의 엄마는 "대파"라는 단어만 계속 반복해 말하고, 아저씨들과 원조교제를 하며 용돈벌이를 했던 여고생은 좀비가 되어 "선불"이란 말만 되뇌는 식. 신체 능력도 인간이었을 때에 비례하는 듯, 높이뛰기 선수였던 사람은 좀비가 되어도 여전히 도약을 멈추지 않으며, 건장한 사내는 죽어서도 괴력을 발휘한다. 임신한 채 좀비가 된 사람은 배 속 아이마저 좀비가 되어 서로를 파괴하고, 요리사는 쥔 칼을 놓지 않는다. 좀비를 죽이는 방식은 역시 머리를 파괴하면 되지만 좀비 개개인이 지닌 특성에 맞는 공략법을 준비해야 한다.

종말의 풍경은 우리의 상상과 별반 다르지 않다. 누군가는 신에 의지해 무작정 영적 기운이 넘치는 곳으로 달려가 구원자를 기다리고, 다른 누군가는 무차별 학살에 중독되어 좀비 살상을 게임처럼 즐긴다. 소심하고 고지식한 남자 히데오는 습격해 오는 좀비를 살기 위해 처치하면서도 "미안합니다. 어쩔 수 없었어요"라고 변명하고, 타고 달리던 택시의 기사가 좀비로 변해도 택시비를 내고 도망치며 생존을 위한 분투를 시작한다. 그에겐 보통 사람들에겐 없는 총이 있다. 생존이 최우선 과제인 이 세상에서 총은 아주 강력한 무기이자 권력이지만 정작 그것을 깨닫고 용도로 맞게 사용하는 건 한참 후의 이야기다. 그러면서 자신이 가장 찌질한 순간 마법의 주문처럼 되뇌는 말은 "아이 앰 어 히어로." 답답해 가슴을 치게 만드는 이 영웅(일본어로 '英雄'도 똑같이 히데오로 읽는다)이 누군가의 진짜 영웅이 되어가는 이야기. ▶ 하나자와 켄고 지음

아이 좀비 iZombie 드라마

마이크 앨러드와 크리스 로버슨이 그린 만화를 각색한 드라마. 의사였던 올리비아는 파티에 갔다가 좀비가 되는 바람에 시체 검시실에서 일하게 된다. 좀비가 어떻게 일을 하냐고? 〈아이 좀비〉의 설정은 좀비가 되었어도 의식이 있고, 기억도 있는 경우가 있다는 것이다. 시체인 것은 분명하니까 얼굴은 창백하고 체온도 없다. 다만 사람을 먹고 싶은 욕망이 생기고 그중에서도 뇌를 제일 좋아한다. 그래서 올리비아는 약혼자하고도 헤어진다. 올리비아가 시체 검시실에서 일하게 된 이유는 뇌를 조달할 수 있는 장소이기 때문이다. 그런데 뇌를 먹으면 죽은 사람의 기억이 들어오는 것

아이 좀비

만이 아니라 그의 재능이나 감정까지도 흘러든다. 매번 뇌를 먹을 때마다, 죽은 사람의 과거가 침투하여 다른 사람처럼 변해 버린다. 외모가 심하게 변하거나 행동이 바뀌는 것은 아니고 죽은 자의 행동 방식이나 사고 등이 얼마 동안 올리비아에게 지속되는 것이다. 그 능력을 이용하여 살인 사건을 해결하는 데 도움을 주게 된다. 물론 형사에게 그 이유는 숨기고, 영매인 것처럼 위장하여. 올리비아는 좀비가 되었지만 인간으로서의 자신을 기억하고 존엄을 잃지 않으려고 노력한다. 하지만 어떤 이는 좀비가 된 것을 이용하여 이기적인 욕망을 채우려고 한다. 인간이나, 좀비나 똑같다. ▶ CWTV

아이 좀비 iZombie 만화

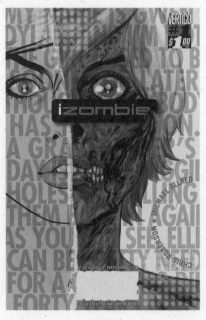

아이 좀비

DC 코믹스의 임프린트인 버티고(Vertigo)가 2010년부터 현재까지 출간 중인 만화. 2009년 〈미스터리 할로윈 애뉴얼 하우스〉(House of Mystery Halloween Annual)에 동명의 단편만화를 먼저 선보인 뒤, 장편으로 발전시켰다. 주인공인 그웬돌린 프라이스(이하 그웬)는 겉보기에 평범한 인간 소녀지만 한 달에 한 번, 인간의 뇌를 먹기 위해 무덤을 파헤친다. 좀비가 되지 않기 위해서. 그녀의 친구들도 남다르다. 단짝인 엘리는 1960년대에 이미 죽은 유령이고, 그웬의 남동생의 애인 스캇은 견인(犬人)이다. 영혼만 남은 자들과 영혼을 잃을 수 있는 자들의 생존기. 2011년 아이즈너 어워드에 '베스트 뉴 시리즈' 수상 후보에 오르기도 했다.▶크리스 로버슨·마이클 엘러드 지음

아이티 Republic of Haiti

북아메리카 카리브해, 도미니카 공화국과 국경을 접하고 있는 공화국으로 인구는 약 900만 명. 수도는 포르토프랭스(Port au Prince)다. 콜럼버스의 아메리카 대륙 발견 이래 아프리카 흑인 노예들이 이곳으로 끌려와 결국 국가를 이루었다. 수도 이름에서 유추할 수 있듯 스페인과 프랑스의 식민지를 거쳤고 1804년 1월 1일 독립했다. 1915년부터 1934년까지는 내분을 구실로 미국의 군사점령을 받기도 했다. 장기 독재 정권-국민의 반독재운동-민주적 선거-쿠데타-독재 집권의 악순환을 끊지 못하고 현재까지 아이티 국내 정세는 불안정한 상태. 프랑스어와 크레올어를 함께 사용하며 국민 대다수는 가톨릭교나 개신교, 부두교를 종교로 가진다. 식민지 시절에는 프랑스와 스페인 열강에 종교의 자유를 억압받으며 가톨릭을 받아들여야 했고 공산주의와 독재 정권 시절에는 또다시 종교를 갖는 것 자체를 억압받았다. 그러나 종교는 이들을 더 단단히 하나로 묶어주었다. 서아프리카 곳곳에서 강제 이주당한 각 부족민들

이 가진 고유의 종교와 신, 의식들을 혼합하여 수정을 가했고, 여기에 가톨릭과 개신교의 교리 등이 그들의 방식으로 해석되어 섞였다. 좀비의 모체로 유명한 새로운 종교, 부두교가 탄생한 것이다.

아포칼립스의 요새 アポカリプスの砦 만화

내성적이고 유약한 소년 마에다 요시아키는 살인죄로 관동의 불량배들이 모이는 청소년 교정시설 쇼란(松嵐)학원에 수감된다. 원장과의 첫 만남에서 마에다는 누명을 뒤집어썼으며 자신은 아무도 죽이지 않았다며 결백을 주장했지만 이미 재판은 끝났다. 4호실에 입실한 마에다는 거기서 부실의 실장인 요시오카 마사후미를 만난다. "그럼… 넌 뭘 저질렀니?"라는 요시오카의 짓궂은 질문에 자신은 아무도 죽이지 않았고, '학교를 마치고 집으로 가는 도중 이상한 소리를 듣고 간 곳에 살인을 목격했고, 살인자도 목격했다. 하지만 경찰을 비롯한 누구도 사실을 믿어 주지 않았다'고 다시 한번 말한다. 4호 입실자인 나머지 둘, 이와쿠라와 야마노이가 곧 입실하며 모두 그 얘기를 듣지만, 별 관심은 없다. "구원받고 싶다면 성 니콜라스를 기다리든가"란 조소 섞인 대답만 돌아올 뿐.

학원 내에서도 특히 괴짜들이 모여 다른 호에 입소한 소년들도 거리를 두는 4호실의 소년들. 마에다는 이들과의 동거가 불안해지지만 사건은 바깥세상에서부터 시작된다. 운동장 100바퀴를 뛰는 단체 체벌을 받던 도중 돌진한 교정 차량. 그 속에서 괴물이 나온다. 무시무시한 힘으로 살아 있는 사람의 턱을 뜯어내고, 물어뜯는 모습을 목격한 네 명. 세상과의 유일한 연결 고리였던 TV가 고장 나 소식을 듣지 못한 사이, 바깥세상은 이미 좀비로 초토화되어 버린 것이다. 소년들은 이제 살아남기 위해선 무슨 짓이든 해야 한다. 조금 전까지 인간이었던 동료의 목을 치고, 좀비들을 피해 전선에 매달려 이동하며, 어디인지도 모른 채 안전한 곳을 향해 도망친다. 가는 곳마다 좀비는 넘쳐나고, 그 좀비들을 조종하는 정체불명의 생물체와 맞닥뜨리기도 한다. 그것들이 자연적으로 발생한 돌연변이인지, 실수로 나타난 것인지, 누군가 고의로 창조한 것인지도 아직 밝혀지지 않았다. 더 바깥으로 나갈수록, 더 많은 수의 좀비와 처치할 방법이 난감한 변종 좀비를 만날 뿐.

2011년 10월 고단샤의 만화잡지 〈월간 소년라이벌〉에 연재를 시작한 이 작품은 2013년 2월 현재 세 권의 단행본이 발간되었다. ▶ 쿠라이시 유우, 이나베 카즈 지음

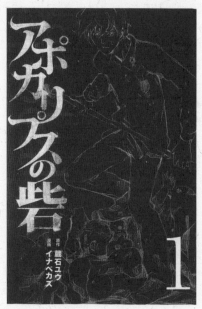

아포칼립스의 요새

안치마옌 Anchimayen

중서부 아메리카(주로 칠레와 일부 아르헨티나 지역) 원주

민들이 쓰는 언어인 마푸둥구어로, 마푸체(mapuche)족 신화에 등장하는 존재다. 주로 어린아이의 모습을 하고 있으며 구체 모양의 밝은 빛을 어린아이의 시체에 주입, 되살려 조종하는 능력을 지녔다고 알려져 있다.

알이씨 REC [영화]

스페인의 공포영화 〈알이씨〉의 전략은 괴수영화 〈클로버필드〉와 동일하다. 〈클로버필드〉에서 캠코더나 디지털카메라로 무언가의 동영상을 찍듯이, 화면은 쉴 새 없이 흔들리고 간혹 피사체 바깥을 잡기도 한다. 흔들리는 화면을 계속 바라보는 관객은 머리가 아프고 어지럽겠지만, 대신 현장감만은 확실하다. 보여 주기 위한 것이 아니라, 누가 보았던 장면을 나 역시 같은 방식으로 경험하는 것이라고 생각하게 된다. 리얼다큐 프로그램의 리포터 안젤라는 소방대원의 하루를 취재하다가 사건 현장에도 동참하게 된다. 동행한 카메라맨과 함께 현장을 찍던 안젤라는 끔찍한 광경을 본다. 신음하며 쓰러져 있던 노파가 갑자기 경찰을 공격하여 목을 물어뜯고, 도망치려던 사람들은 군대에 의해 아파트 전체가 폐쇄되었음을 알게 된다. 아파트에서는 대체 무슨 일이 벌어진 것일까? 그 의문을 〈알이씨〉는 안젤라의 멘트가 곁들인 카메라 시점을 통해 직접 확인한다.

　〈알이씨〉의 장점은 〈클로버필드〉와 마찬가지로 현장감이다. 아파트에서 좀비가 등장한 이유가 무엇일까? 과연 폐쇄된 아파트에서 좀비를 피해 도망치는 것이 가능할까? 이 질문에 대해 〈알이씨〉는 가장 직접적인 방식으로, 내 눈으로 직접 보는 것처럼 카메라의 시점으로 알려 주는 것이다. 21세기는 누구나 동영상을 찍어 인터넷에 올려 대중과 공유하는 것이 가능한 시대다. 즉, 개인이 경험한 사건을 다수가 거의 실시간으로 경험하는 것이 가능하다는 것이다. 〈알이씨〉 역시 관객이 단지 멀리서 사건을 '관람'하는 것이 아니라, 현장 속에 들어가 직접 좀비를 피해 도망치는 것 같은 리얼함을 느끼게 한다. 안젤라가 느끼는 두려움과 공포를, 관객도 실시간으로 공유하는 것이다. 화면이 흔들리면, 마치 내 시선이 흔들리는 느낌을 받는 것처럼.

〈알이씨〉의 전략은 이미 1999년 대성공을 거둔 〈블레어 윗치〉에서 시작된 것이다. 마녀 전설을 찾아 숲 속을 헤매는 청춘 남녀들이 찍는 주관적 카메라 시점으로, 리얼한 공포를 보여 준 것. 〈알이씨〉와 〈클로버필드〉는 〈블레어 윗치〉의 업그레이드판이라고 할 수 있다. 〈클로버필드〉는 캠코더의 영상으로도 스펙터클이 가능하다는 것을 증명했고, 〈알

알이씨

이씨)는 개인적인 공포를 직접적으로 전달하는 데 성공했다. 이런 흐름을 다르게 해석한다면, 누구나 캠코더를 이용하여 대중을 감동시키는 영화를 만드는 것이 가능한 시대가 되었다는 것이다. 그것만으로도 〈알이씨〉는 흥미롭다. ▶감독 호메 발라게로·파코 플라자, 출연 마뉴엘라 벨라스코·페란 테라자, 2007

알이씨 2 REC 2 영화

전편의 이야기를 그대로 이어 구급대원과 스와트 팀이 아파트에서 고군분투하는 모습을 주관적 카메라 시점으로 보여 준다. 전편의 성공 전략을 그대로 유지하면서 스케일만 업그레이드한 속편. 전편과 마찬가지로 재미있다. ▶감독 호메 발라게로·파코 플라자, 출연 조나단 D. 멜러·마뉴엘라 벨라스코, 2009

알이씨 3: 제네시스 REC 3: Genesis 영화

무대를 싹 바꿔 결혼식장에서 벌어진 좀비의 습격을 그린다. 포스터에서도 강조하듯, 웨딩드레스를 입은 신부가 전기톱을 들고 난도질하는 장면이 있지만 기대에 미치지 못한다. 멋진 여전사의 탄생은 결코 쉬운 일이 아니다. ▶감독 파코 플라자, 출연 레티시아 돌레라·디에고 마틴, 2012

애스트로 좀비 Astro Zombies 음악

초기 펑크신을 이끌며 1970년대 말에서 80년대까지 활발히 활동했고, 현재도 여전히 음악 활동을 하고 있는 호러 펑크 밴드 미스핏츠의 곡. "Astro Zombies"는 1982년에 발표한 앨범 "Walk Among Us"에 수록된 곡이며 꾸준한 인기를 얻었기에 2009년 발매된 게임 '기타히어로 5'에 등장하기도 했다. 미스핏츠는 밴드 멤버 간의 오랜 분쟁 덕에 1980년대 말부터 1990년대의 활동에 거대한 구멍이 있다.

탈퇴한 멤버와의 마찰로 '미스핏츠'라는 밴드명을 쓰지 못하게 된 것이다. 프런트맨인 글렌 댄징은 부득이하게 솔로로 활동하며 미스핏츠 초기 시절 레코딩하고도 발표하지 못한 곡들을 불렀고, 성명권 분쟁이 끝난 1997년에야 묻혀 있던 앨범을 발표하기도 한다. 멤버들 간의 관계도 '호러블'했던 걸까. ▸미스핏츠

앰뷸런스 영화

옴니버스 영화 〈무서운 이야기〉에 실린 단편. 좀비가 발생한 도시에서, 딸과 함께 겨우 도망친 엄마가 구급차에 타게 된다. 의사는 딸이 좀비에게 물렸다고 생각하고, 엄마는 그렇지 않다고 항의한다. 좁은 구급차 안, 멀리서 달려오는 좀비 떼. 의사, 간호사, 엄마와 딸. 단 네 명 사이에서 벌어지는 치열한 갈등과 의심 그리고 계속되는 반전이 눈을 뗄 수 없게 만든다. 감독들의 메이저 장편영화 데뷔작이었던 〈화이트: 저주의 멜로디〉(2011)에서는 전혀 보여주지 못했던 공포가 〈앰뷸런스〉에서는 제대로 살아난다. ▸감독 김곡·김선, 출연 김지영, 2012

야마가타 스크림 山形スクリーム 영화

탁월한 성격파 배우이자 코미디 배우이기도 한 다케나카 나오토는 진지한 영화를 만드는 작가주의 감독이기도 하다. 하지만 6번째 영화인 〈야마가타 스크림〉은 괴상망측한 호러 코미디 영화. 여고생들이 수학여행을 간 곳은, 하필이면 사당을 헐어 테마파크를 세우려는 곳. 분노한 사무라이들이 깨어나 좀비가 되어 여고생들을 습격한다. 너무 막나간 코미디 영화. ▸감독 다케나카 나오토, 출연 다케나카 나오토·아키라, 2009

야마가타 스크림

어드벤처 카르텔 Adventure Kartel 만화 피규어

애슐리 우드와 TP 루이스의 차기작으로 아직 발간되지도 않은 만화지만 중국의 피규어 제작 회사인 3A 포럼을 통해 캐릭터만 소개되고 있다. 만화보다 피규어가 먼저 나오고 있는 상황.

언더테이커 The Undertaker

프로레슬링 단체 WWE의 레슬러. 최고의 이벤트인 레슬 마니아에서 최다 연승을 기록했다. 장의사 기믹(Gimmick, 경기에 참가하는 프로레슬러가 수행하는 역할 혹은 레슬러의 특징을 아우르는 말)이지만 그의 영혼은 매니저인 폴 베어러가 늘 들고 다니는 단지 안에 있다는 설정. 죽은 후에 다시 깨어나 움직인다는 의미로 '데드맨'이라고도 불린다. 프로레슬링이 늘 그렇듯 선한 역과 악역을 거듭 오가며 싸운다. 화상 상처를 가리기 위해 가면을 쓰고 다니는 레슬러인 케인의 형이라는 설정도 있다.

언더테이커

언데드 Undead

죽어서도 죽지 않은 존재를 말한다. 한 번 죽었지만 다시 영혼을 얻어 부활하거나 영혼 없이 움직이는 모든 것들. 뱀파이어, 좀비 등등 모든 것을 통칭한다.

언데드 Undead 영화

조용한 호주의 어촌 마을 버클리에 수십 개의 운석이 떨어지고, 이것에 접촉한 마을 사람들은 좀비로 변해 버린다. 마을 사람들은 농장에 모여 좀비들과의 생사를 건 싸움을 준비한다. 긴장감보다는 코믹하다. ▶감독 마이클 스피어리그·피터 스피어리그, 출연 펠리시티 메이슨·먼고 맥케이, 2003

여자경영반란군 女子競泳反亂軍 영화

난데없이 좀비가 등장하고, 난데없이 여자가 옷을 벗거
나 참살당하는 일본 좀비물. 고등학교 여자 수영부가 나
온다. ▶ 감독 카와노 코지, 출연 아라이 미즈카·한다 사사,
2007

여자경영반란군

예수는 좀비를 싫어한다 Jesus Hates Zombies 만화

그리 머지않은 미래, 좀비가 갑자기 대거 증식한다. 인류
의 미래에 대한 두려움이 하늘에도 전해졌는지 신이 그의
아들인 예수를 보내 인류를 구원하도록 한다. 신에게 자비
를 청하는 인간은 정작 예수가 나타나자 아무도 그가 구원

자임을 믿지 않는다. 이거 어디서 많이 들어본 얘기 아닌가. 바로 성경이다. 예수는 자신을 진실로 믿는 자를 찾아 지구 구원 프로젝트를 실행한다. 시간 여행으로 에이브러햄 링컨과 마더 테레사, 엘비스 프레슬리가 합류한다. ▶스테판 린제이·스티브 콥·다니엘 톨린 지음

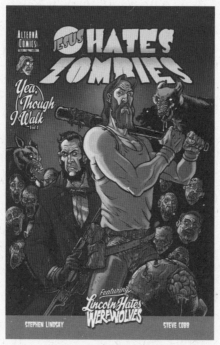

예수는 좀비를 싫어한다

오네찬바라 お姉チャンバラ 게임

'오네찬바라'는 원래 PS2의 저가형 게임을 발매하던 D3 퍼블리셔의 '심플 시리즈' 중 하나였다. 요구 사양이 다소 낮고, 실험적인 게임들이 주를 이루는 심플 시리즈에서 '오네찬바라'는 '예쁘고 헐벗은 여자 캐릭터가 총검을 휘두른다'

는 콘셉트가 화제를 모으며 꾸준히 다른 버전으로 개발되었다('오네찬바라', '오네찬푸루', '오네찬바라 2', '오네짬뽕'). 시리즈를 거듭하며 조금씩 게임이 다듬어지며 결국 2006년 말 XBOX360 버전인 '오네찬바라 볼텍스'를 심플 시리즈가 아닌 여타 고사양 고퀄리티 게임과 같은 가격으로 발매하기에 이른다. 이후 닌텐도Wii 버전인 '오네찬바라 R', PSP 버전 '오네찬바라 스페셜'을 출시하며 입지를 다진 후, 2012년 후속작인 '오네찬바라Z'를 발표한다. 보다 쉬워진 난이도, 캐릭터들의 미모 업그레이드, 그리고 그녀들이 좀비를 처치하며 연출하는 멋진 고어신 등 유쾌하게 즐길 수 있는 요소가 늘어났다. ▶D3 퍼블리셔·탐 소프트

오네찬바라

오네찬바라 お姉チャンバラ [영화]

게임을 원작으로 한 B급 영화. 생명공학기업 D3 코퍼레이션의 창시자인 스키다 박사는 죽은 사람을 소생시키는 기술을 개발한다. 세상은 좀비로 넘쳐나며 폐허가 된다. 좀비들 사이를 누비며 살육하는 비키니 수영복 차림의 여자 검객 아야. 스키다 박사에게 원한을 가진, 샷건의 명수 레이코를 만나 함께 스키다의 연구소로 향한다. ▶감독 후쿠다

요헤이, 출연 오토구로 에리·나카무라 치세, 2008

오네찬바라 2 볼텍스
お姉チャンバラ: The Movie - Vortex 영화

⟨오네찬바라⟩의 속편. 더 싸구려가 됐다.▶감독 쇼지 츠요시, 출연 아라카와 치카·이무라 쿠미, 2009

오만과 편견 그리고 좀비 소설

사랑과 질투로 갈등하는 남녀의 심리를 탁월하게 그리며 '결혼'을 둘러싼 상류사회의 위선을 폭로한 ⟨오만과 편견⟩은 지금까지도 널리 읽히는 고전이다. 시나리오 작가이기도 한 세스 그레이엄 스미스는 ⟨오만과 편견⟩의 인물, 스토리 라인을 그대로 살리면서 좀비를 투입하여 기상천외한 소설을 만들어 냈다. 영국에 알 수 없는 역병이 몰아닥치면서, 죽은 자들이 무덤에서 깨어나 사람들을 공격하기 시작한다. 베

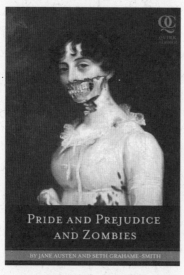

오만과 편견 그리고 좀비

넷 가문의 가장인 아버지는 다섯 딸에게 동서양의 무술을 가르치는 한편 어머니는 부유한 남자들을 찾아 결혼시킬 계획으로 동분서주한다. 결혼만 하면 모든 것이 해결된다는 생각으로 남자를 찾는 여자가 있는가 하면, 오만한 남자를 혼내 줄 생각에 여념이 없는 엘리자베스의 모습 등을 통해 '결혼'에 대한 남녀의 심리가 현대적으로 변주되어 펼쳐진다. 물론 그 와중에 좀비와 싸우는 격렬한 액션 장면들도 배치되어 있다. 엘리자베스는 동서양 무술의 달인으로 나온다. 세스 그레이엄 스미스는 팀 버튼이 제작하고 티무르 베크맘베토브가 연출하는 〈링컨: 뱀파이어 헌터〉의 시나리오도 썼다. ▶제인 오스틴 원작, 세스 그레이엄 스미스 지음

오만과 편견 그리고 좀비 영화

좀비가 일상적으로 목숨을 위협하는 세상이 되자, 베넷 가문의 다섯 딸은 생존을 위해 동서고금의 무술을 두루 수

오만과 편견 그리고 좀비

련한 무도가 되었다고 한다. 제인 오스틴의 고전을 세스 그레이엄 스미스가 좀비 패러디물로 각색한 소설 〈오만과 편견 그리고 좀비〉가 드디어 영화화되었다. 〈디스 민즈 워〉(2012), 〈세인트 클라우드〉(2010) 등을 연출한 버 스티어스가 감독을, 〈신데렐라〉(2015)에서 실사판 신데렐라 역할을 맡아 화제가 된 배우 릴리 제임스가 '엘리자베스' 역할을, 〈컨트롤〉(2007)에서 영국의 밴드 '조이 디비전'의 프론트 맨 '이안 커티스' 역할로 주목을 받은 배우 샘 라일리가 '미스터 다아시'를 맡았다. ▸감독 버 스티어스, 출연 릴리 제임스·샘 라일리·잭 휴스턴, 2016

오사마 좀비 Osombie 영화

9.11 테러의 주모자인 오사마 빈 라덴은 미국 해병대의 습격을 받아 사살되어 바다에 수장되었다. 하지만 그가 죽지 않았다면? 그리고 좀비가 되었다면? 아프가니스탄에서

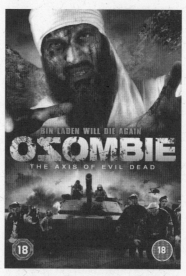

오사마 좀비

특수 임무를 수행하던 더스티는 좀비가 된 오사마를 알게 된다. 오사마는 좀비들을 이용하여 테러를 일으키려고 한다. ▶감독 존 라이드, 출연 코리 세비어·이브 마우로, 2012

옥상으로 가는 길 좀비를 만나다 [소설]

ZA 문학상 2회 수상 작품집. 밀폐된 공간에서 생존자들의 유일한 희망이 된 왜소증 남자, 시골 마을을 배경으로 돼지구제역에서 비롯된 좀비 바이러스 등 다양한 상황을 그린 단편 〈옥상으로 가는 길〉, 〈나에게 묻지 마〉 등이 실려 있다. ▶황태환 외 지음

우좀

'우익 좀비'의 줄임말. 좌파와 대립하는 우파 혹은 보수라는 의미가 아니라, 좀비처럼 떼지어 몰려다니면서 무뇌아적인 행동을 일삼는 맹목적인 우파, 일명 '수구 꼴통'을 비하하는 용어다. 정부를 비판하는 기자회견이나 시위 장소에 출몰해 난장판을 만드는 어버이연합 등이 우좀의 대표적인 표상이다.

워크 라이크 좀비 Walk Like A Zombie [음악]

덴마크 출신 뉴웨이브, 로커빌리 펑크 밴드 호러팝스의 곡. "워크 라이크 좀비"(Walk Like A Zombie)는 호러팝스의 두 번째 정규 앨범 "Bring It On"에 수록된 곡으로 좀비처럼 걸어 보라는 노래다. 올뮤직(allmusic.com)이 주목할 만한 트랙으로 꼽은 바 있다. ▶호러팝스

워킹 데드 Walking Dead [만화] [드라마]

한 남자가 병실에서 눈을 뜬다. 뭔가 이상하다. 병원으로 이송되기 전의 세상과 다르다. 경찰관인 릭은 범인을 검거하려다 피격되어 한동안 의식이 오락가락했다. 눈을 뜨니 지

워킹 데드

켜야 할 모든 것들이 사라졌다. 세상은 '워커'라 불리는 좀
비들로 득시글했다. 온 힘을 다해 집으로 돌아왔지만 아내
와 하나뿐인 아들은 어딘가로 사라지고 없었다. 옷가지와
가족사진이 없어진 것으로 보아 안전한 곳으로 피신했으리
라. 릭은 현실을 받아들이고 가족을 찾아 떠난다.

　　로버트 커크만의 동명 만화 〈워킹 데드〉를 원작으로 한
미국 드라마 〈워킹 데드〉는 2010년 10월에 첫 시즌을 시작,
2013년 2월 현재 3시즌이 방영 중이다. 드라마 초반부에는
원작을 그대로 화면에 담은 듯 스토리가 흘러가 만화책을
먼저 읽은 독자는 의도치 않게 스포일러와 맞닥뜨릴 수밖
에 없었지만, 2시즌을 지나며 서서히 드라마와 만화가 각자
의 노선을 걷는다. 정의감으로 똘똘 뭉친, 경찰관을 평생 직
업으로 삼기에 더없이 좋은 성격의 소유자 릭은 애틀랜틱
시티가 군으로부터 보호받고 있다는 정보를 듣는다. 아내
의 친정 또한 애틀랜틱시티. 그곳으로 향하지만, 결국 깨달

은 것은 세상은 망했고 안전한 곳은 없다는 것. 결국 가족
과 또 다른 생존자들을 만나 합류하지만 앞일이 막막하다.
세상이 끝난 뒤의 세상에서 평생을 살아가야 하다니. 생존
자들은 처음엔 치료약을 꿈꾸다가 워커의 공격에 효율적
으로 대처하는 방법을 터득하고, 종국에는 살아 있는 모두
가 자연사한다 해도 워커가 된다는 것을 깨닫는다. 절망스
럽지만, 살아가야만 한다. 제각기 다른 삶을 살아온 사람
들이 생존이라는 명제 아래 함께 모여 살게 되었으니 갈등
도 끊임없이 생긴다. 충격적이리만큼 큰 스케일을 선보였
던 1시즌과는 달리 2시즌은 인간들의 갈등에 초점을 맞추
고 좀비 출현 수를 급격히 줄였다. 그래서인지 다소 지루하
다는 평이 많았다. 의견이 반영된 걸까, 인기에 힘입어 예산
편성이 늘어난 것일까. 3시즌에 들어 다시 이전의 스케일을
보여 주기 시작했다. 만화는 한국에 2013년 2월 현재 9권
이 발간 중이며 총 14권 완결이라고 알려져 있다. 드라마는
만화책의 7권 정도의 내용이 조금씩 반영된 상태. ▶로버트
커크만 지음, 드라마 AMC(2010)

원숭이 손 The Monkey's Paw 소설

죽은 사람을 살리는 주술이 등장하는 단편. 인도에서 온 후
배인 전직 군인이 '원숭이 손'을 주고는 떠난다. 인도의 주
술사가 가지고 있었다는, 세 개의 소원을 들어준다는 물건.
첫 소원으로 돈을 달라고 하자, 며칠 뒤 공장에서 일하던
아들이 사고로 죽는다. 그리고 위로금이 들어온다. 두 번째
소원으로 아내는 아들을 되돌려 달라고 한다. 그러자 불길
한 분위기와 함께 문을 두드리는 소리가 들린다. 부부는 마
지막 소원으로 죽은 아들을 제자리로 되돌린다. 다양한 판
본의 내용이 존재한다. ▶윌리엄 위마크 제이콥스 지음

웜 바디스 Warm Bodies 소설 영화

10대 후반부터 20대 후반까지를 겨냥한, 그러나 30대 독자까지 명중시킨 '영 어덜트' 소설의 최고 히트작은 역시 〈트와일라잇〉이다. 뱀파이어와 늑대인간에게 사랑받는 소녀의 이야기. 할리퀸 로맨스와 판타지의 결합이 주류인 영 어덜트 장르에서는 이제 좀비와 소녀의 사랑 이야기까지 등장했다. 살점이 너덜거리고, 허우적거리는 좀비와 사랑에 빠지다니. 전혀 불가능한 일인 것 같지만, 소설과 영화를 보면 가능할 수도 있을 것 같다. 좀비가 나타나면서 황폐해진 미래. 이곳의 좀비들은 조지 A. 로메로가 〈랜드 오브 데드〉 이후에 보여준 '학습하는 좀비'와도 비슷하다. 아니 거기서 한 걸음 더 나아가 과거의 기억도 일부 가지고 있고, 의사소

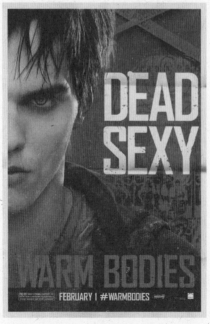

웜 바디스

통도 한다. 일종의 신인류일 수도 있다. 소설 〈웜 바디스〉는 '조금 덜 썩은' 좀비 청년 'R'의 눈과 독백을 통해서 기이하지만 아름다운 사랑 이야기를 펼쳐 간다. 〈시애틀 타임스〉는 〈웜 바디스〉에 대해 "암울한 근미래를 묘사하는데도 그의 글은 실크처럼 매끄럽다"고 말했다. 그것은 '영 어덜트'의 필수 요소다. 영화는 니콜라스 홀트가 R을 연기하며 새로운 좀비상을 보여 준다. ▶아이작 마리온 지음, 감독 조나단 레빈, 출연 니콜라스 홀트·테레사 파머, 2013

웜우드: 분노의 좀비 도로 Wyrmwood 영화

좀비영화에 〈매드 맥스〉를 더하면 어떤 영화가 나올지 궁금해서 〈웜우드〉를 만들지 않았을까? 호주 영화 〈웜우드〉는 좀비들이 내뿜는 메탄가스를 연료로 움직이는 엔진이

웜우드: 분노의 좀비 도로

나온다. 그러니까 자동차가 움직이려면 좀비를 차에 태우고 다니면서 연료로 써야 하는 것이다. 주인공인 배리의 여동생 브룩은 매드 사이언티스트에게 납치되어 실험 대상이 된다. 좀비에게 물리는 것이 아니라 피를 수혈받으면 어떻게 될까 궁금하여 실험해 보는 것이다. 미친 과학자니까 동물이 아니라 바로 사람에게 실험한다. 실험의 대상이 된 브룩은 단지 좀비가 되는 것이 아니라 좀비를 조종할 수 있는 능력을 갖게 된다. 좀비가 나타나 사람을 죽이고 도망치고 하는 뻔한 설정이 아니라 좀비를 이용하여 하나의 세계를 재구성하여 개성적인 좀비 아포칼립스 영화를 만들어 냈다. ▶감독 키아 로취 터너, 출연 제이 갤러거·비앙카 브레디·리언 버칠, 2014

웨이크 업 데드맨 Wake Up Dead Man 만화

U2의 'POP' 앨범에 실린 동명의 곡 "Wake Up Dead Man"에서 따온 제목. 작품에는 조금 새로운 타입의 좀비가 등장한다. 좀비는 좀비인데 이미 죽은 몸, 시체니까 몸이 부패하는 것만 제외하면 인간처럼 이성적 사고가 가능하다. 인간처럼 생활하고, 인간처럼 생각한다. 그러니까, 사람에게 달려들어 물거나 먹으려고 하지 않는다.

주인공의 이름은 사후. 소년이다. 마음에 품고 있던 소녀 주현이 트럭에 치일 뻔한 것을 구해준 뒤 좀비가 된다. 좀비는 단지 썩어 갈 뿐인데, 정부는 그들을 가만두지 않는다. '이미 죽은 몸'이므로 기본권과 주거권을 인정할 수 없기에 강제 퇴거 후 사살한다. 좀비를 숨겨 주는 사람도 감염자와 동급으로 치부해 같이 처리하는 무시무시한 세상. 두 번 죽지 않기 위해 사후를 비롯한 좀비들은 버려진 지방 도시에 숨어 산다.

사후가 좀비가 될 때, 가수로 데뷔해 인기를 얻고 세계적인 스타가 된 주현. 그리고 그를 잊지 못하는 사후. 주현을 향한 마음도 그대로 지닌 채 좀비가 된 사후는 정부의 좀비 소탕 작전에도 불구하고 주현을 만나기 위해 여행을 떠난다. 몸의 부패를 막기 위한 방부제를 지참한 채. ▶마늘오리 지음

이것은 좀비입니까? 소설 애니메이션

라이트 노벨. 평범한 고교생 아이카와 아유무는 연속 살해 사건에 휘말려 죽었다고 생각했지만 다시 살아난다. 명계의 네크로맨서를 만난 덕이었지만, 안타깝게도 이제 인간이 아니라 좀비라는 사실. 하지만 할리우드 영화의 좀비와는 달리 몸이 잘리거나 폭발해도 재생될 수 있다. 다만 햇빛을 받으면 말라비틀어져 버리기 때문에 주로 흐린 날이나 어두워진 후에 활동한다. 제20회 일본 판타지아 대상 수상작인데, 처음 제목은 〈이것은 좀비입니까? 네, 마법소녀입니다〉였다. 마법소녀가 등장하고, 주인공도 마장소녀(魔裝少女)로 변신한다. ▶키무라 신이치 지음

이동 속도

좀비가 얼마나 빨리 움직이는가는 좀비의 현대적 특성을 설명하는 중요 키워드다. 전통적으로 좀비는 느리게 움직인다. 조지 A. 로메로의 〈살아 있는 시체들의 밤〉부터 맥스 브룩스의 〈세계대전Z〉까지 좀비는 발을 질질 끌거나, 갈지자로 휘적이며 움직이지 절대로 뛰는 법이 없다. 〈좀비 서바이벌 가이드〉에서 브룩스는 이렇게 설명한다. "좀비는 뛰는 게 불가능한 것 같다. 관찰에 따르면 가장 빠른 좀비라 해도 1.5초당 겨우 한 걸음이라는 속도로 이동했다… 살아 있는 보통 사람은 가장 빠른 구울보다도 90%나 더 민첩하다." 빠른 좀비라는 개념이 좀비 세계에 등장한 것은 〈28일 후〉(2002)가 나오면서부터다. 잭 스나이더 감독이 2004년 만든 〈새벽의 저주〉에서 좀비는 매우 빠른 속도로 질주한다. 〈좀비랜드〉(2009)에서 좀비는 유산소 운동이 부족한

현대인보다 더 빨리 이동할 수 있어 감염이 빠르게 확산된다. 토미 위르콜라 감독의 〈데드 스노우〉(2009)에 나오는 얼어 죽은 나치 좀비는 눈 덮인 험준한 지형을 빠른 속도로 넘나든다. 좀비가 이런 식으로 변천하자 로메로는 〈시체들의 일기〉라는 영화 초반에 등장인물의 대사를 빌어 반론을 편다. "죽은 것은 빨리 움직이지 않아요… 그렇게 빨리 뛰다가는 발목이 부러지고 말 겁니다." 좀비의 이동 속도는 좀비가 확산하는 것과 관련되기 때문에 중요하다. 가령 좀비가 빠른 속도로 움직여 인간을 감염시킨다면 한 지역이나 한 국가를 벗어나는 확산을 저지하는 것이 사실상 불가능하다. 물론 느리게 움직인다고 좀비가 한 지역 안에 머물 가능성은 희박하다. 한편, 느리게 움직이는 좀비는 느린 잠복기와 관계된다. 〈28일 후〉에서 감염된 사람은 분노 바이러스에 노출되고 30초도 안 돼 변해 빠르게 움직인다. 로메로 영화의 느리게 움직이는 살아 있는 시체는 물리고 나서 좀비가 되기까지 며칠이나 걸린다. 즉 일반적으로 빠른 바이러스는 빠른 좀비를, 느린 바이러스는 느린 좀비를 만든다고 볼 수 있다.

이블 데드 The Evil Dead 영화

〈스파이더맨〉의 샘 레이미가 젊은 시절 만든 저예산 공포영화. 엄청나게 빠르고, 잔인하고, 숨 막히는 공포를 안겨 주며 샘 레이미를 스타 감독으로 만들었다. 젊은 남녀들이 숲 속 오두막집으로 캠핑을 간다. 그곳에서 발견한 것은 공포의 제왕 H. P. 러브크래프트가 이야기했던 악마의 책 '네크로노미콘'. 주문을 외우면 죽은 자들이 깨어난다고 되어 있다. 호기심을 이기지 못하고 실연을 해 보자, 정체를 알 수 없는 괴물들이 나타나 공격하고, 죽은 친구가 다시 깨어나는 따위의 끔찍한 일들이 벌어진다. 숲 속을 빠르게 움직이는, 마치 야수가 질주하는 듯한 영상이 인상적이다. '좀비'

가 등장하지는 않지만, 죽은 자를 마법으로 깨우는 것은 유사성이 있다. ▶ 감독 샘 레이미, 출연 브루스 캠벨·엘렌 샌드위스, 1981

이블 데드

이블 데드 2 Evil Dead 2 영화

애쉬는 애인 린다와 함께 숲 속 오두막에서 '죽음의 책'을 연구한다. 린다가 악마로 변하고, 다시 깨어난다. 죽은 자만이 아니라, 잘라낸 손도 살아 움직인다. 〈이블 데드〉의 속편인 〈이블 데드 2〉에서 샘 레이미는 공포와 웃음이 결코 멀지 않다는 것을 증명한다. 분명히 무서운데, 웃음이 새어 나온다. 초현실주의적인 상황이 유발하는 발작적인 웃음. 1편과 거의 유사함에도 불구하고 웃음을 이끌어 내는 샘 레이미의 연출력이 탁월하다. ▶ 감독 샘 레이미, 출연 브루스 캠벨·사라 베리, 1987

이블 데드 3: 암흑의 군단
Evil Dead 3: Army of Darkness 영화

2편 마지막 장면에서 어두운 구멍 속으로 빨려 들어간 애쉬. 그가 도착한 곳은 악마들과 싸우고 있는 14세기 중세. 레밍턴 엽총과 전동 톱, 1973년형 중고차가 애쉬가 가진 모든 것이다. 애쉬는 괴물들을 물리칠 영웅으로 추앙받는데, 그의 목적은 단 하나 '죽음의 책'을 찾아 현재로 돌아오는 것뿐이다. 하지만 주문을 잊어 버리는 바람에 죽은 영혼들이 깨어나 해골들로 이루어진 '암흑의 군단'이 공격해 온다. 마크 트웨인의 〈아서 왕 궁전의 코네티컷 양키〉를 코믹 호러영화로 바꾸어 버린 〈이블 데드3〉는 샘 레이미가 '대작'을 만들 역량이 있음을 증명한다. 작은 오두막집에서 벌어지던 공포물을 순식간에 판타지, 호러, 액션과 코미디가 결합된 괴이한 오락영화로 만들어 낸다. ▶ 감독 샘 레이미, 출연 브루스 캠벨·엠베스 데이비츠, 1992

이블 헌터 Dawn of the Dead 영화

만약 죽음에게 얼굴이 있다면, 정말로 좀비의 얼굴처럼 끔찍한 형상일까? 클라이브 바커는 '좀비는 죽음의 구체적인 얼굴을 뜻한다'고 말한다. 조지 A. 로메로 감독의 좀비영화에서 우리는 분명 이성과 도덕이 사라진 후 맞닥뜨리는 죽음의 얼굴을 본다. 〈이블 헌터〉는 조지 A. 로메로의 좀비 3부작 중에서 〈살아 있는 시체들의 밤〉에 이어지는 두 번째 작품이다. 묘지에서 걸어 나온 좀비는 사람을 먹어 치우거나 좀비로 만들어 버리면서 도시로 향한다. 〈이블 헌터〉의 무대는 거대한 쇼핑몰이다. 생존자들은 거대한 쇼핑몰로 숨어든다. 그 안에는 모든 것이 있다. 침대도 있고, 먹을 것도 있고, 잡다한 유흥거리도 있다. 그들이 쇼핑몰로 몰려든 것은 당연하다. 그런데 사람들이 그 안에 있다는 것을 알지 못하는 좀비들조차도, 쇼핑몰로 몰려든다. 더 이상 옷, 유

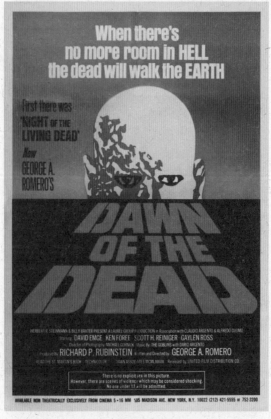

이블 헌터

홍거리가 필요 없음에도 불구하고. 그건 본능이 아니라 습관이다. 언제나 쇼핑센터에서 모든 것을 해결하는, 소비로써 자신의 존재를 입증하는 현대인은 죽은 후에도 그 기억을 지우지 못하는 것이다. 아니 기억이 아니라, 하나의 행동습성이 되어서 뇌가 멈춘 후에도 육체가 멈추지 않는 것이다. 쇼핑몰 안, 화려한 복도를 어기적거리며 걸어 다니는 좀비의 풍경은 대단히 기묘하다. 반드시 물리쳐야 할 악이 아니라, 어딘가 친근하게까지 느껴지는 것이다.

그런 점에서 폭주족들의 쇼핑몰 습격 장면은 대단히 인상적이다. 오토바이를 몰고 다니는 폭주족 집단은, 쇼핑몰에 들어와 어기적거리며 걸어 다니는 좀비들을 박살 낸다. 목과 팔다리가 잘리고, 사방에 피가 튄다. 그들은 환호성을 지르며, 인간이 아닌 좀비들을 무참하게 공격한다. 그걸 보고 있으면, 약간의 절망이 밀려든다. 아무리 대상이 좀비라 해도, 그건 차마 인간이 할 짓이 아니기 때문이다. 유인원에서 진화한 인간은, 사회를 이루고 문명을 이루면서 인간성을 가지게 되었다고 말한다. 하지만 그것이 정말일까? 인간은 정말 자비와 이성으로 살아가는 것일까? 〈이블 헌터〉는 죽음의 얼굴만이 아니라, 우리들이 살아가는 문명의 일그러진 얼굴까지 참혹하게 그려낸다. 〈이블 헌터〉를 리메이크한 잭 스나이더의 〈새벽의 저주〉는 걸작이지만, 이 폭주족의 쇼핑몰 습격 장면이 없는 것은 못내 아쉽다. ▶감독 조지 A. 로메로, 출연 데이비드 엠지·켄 포리, 1978

이웃집 좀비 [영화]

감독의 전세 보증금을 빼서 만든 저예산 옴니버스 좀비영화. 원래 좀비영화에 애정을 가진 것은 아니었고, 저예산이지만 화제를 끌 수 있는 소재나 주제가 무엇일지 고민하다가 '좀비'를 선택했다. 선택은 적중하여 일단 소재에서 관심을 끌었고, 나름 완성도를 갖춰 부천영화제와 해외영화제에서도 각광받았다. 그 덕에 제작사인 키노망고스틴은 저예산의 장르영화를 전문으로 만드는 콘셉트를 밀고 나가게 되었다. 좀비물의 공식인 대기업이 만든 좀비 바이러스, 사랑하는 가족이 좀비가 되는 설정 등이 나온다. 좀비가 되었어도 육식을 멀리하며 인간이기를 고집하지만 결국 학살당하는 에피소드 따위의 재미있는 이야기가 많다. ▶감독 오영두·류훈, 출연 배용근·홍영근·하은정, 2010

인 더 플레시 In the Flesh 드라마

좀비물이 인간의 분노와 차별, 폭력성, 종말 등 다양한 주제로 뻗어나갈 수 있음을 보여준 영국 드라마. 어느 날 무덤 속의 시체가 깨어난다. 정부에서는 연구를 거듭하여 좀비를 치료하는 약을 개발한다. 지속적으로 약을 맞으면 기억이 재생되어 다시 인간성을 찾게 되는 것이다. 하지만 외양은 그대로라 얼굴에 화장을 하고, 눈에는 렌즈를 껴야 한다. 정부에서는 회복된 좀비들을 고향에 되돌려 보내지만, 좀비에게 공격당해 사랑하는 이들을 잃은 사람들은 여전히 분노에 차 있다. 시골 마을인 로튼에 돌아간 키어런은 쉽게 적응하지 못한다. 게다가 로튼은 좀비에 맞서 싸웠던 시민 의용대의 활약이 가장 눈부셨던 곳이고, 마을의 지도자인 목사는 여전히 사람들을 선동하고 있다. 첫 번째 부활은 악마가 깨어난 것이고, 그들을 처단해야만 두 번째 부활에서 예수와 함께 선한 자들만이 돌아온다고. 의용군 대장이었던 빌은 군에 입대했다가 죽은 아들 릭이 돌아왔지만, 여전히 좀비 척결을 주장한다. 반대로 좀비야말로 새로운 인류이고, 부활한 것에는 나름의 이유가 있다고 주장하는 좀비의 조직도 있다. ▶감독 자니 캠벨, 출연 루크 뉴베리, 2013

일미도인 영화

임정영이 직접 감독으로 나선 강시영화. 선교사의 시신이

강시로 부활하는데, 강시라기보다 일종의 뱀파이어 콘셉트
라 영환 도사의 도술이 먹히지 않아 난관에 처한다. ▶ 감독
임정영, 출연 임정영·천소호, 1989

잭 스나이더 Zack Snyder

1966년생. 영화감독. 광고 쪽에서 일하다가 첫 연출 데뷔작 〈새벽의 저주〉(2004)로 대성공을 거두었다. 이후 프랭크 밀러의 만화를 각색한 〈300〉(2006), 앨런 무어의 걸작 그래픽 노블 〈왓치맨〉(2009)을 만들어 할리우드에서 최고의 감독 대우를 받는다. 이후 〈가디언의 전설〉(2010)과 〈서커펀치〉(2011)로 주춤했다. 잭 스나이더의 관심은 좀비를 포함한 호러라기보다는 코믹스를 중심으로 한 판타지라고 보는 것이 정확할 듯.

정크 JUNK 영화

한때 미이케 다카시의 뒤를 이을 것으로 평가받았던 V시네마 감독 무로가 아츠시의 좀비영화. 무로가 아츠시의 대표작은 〈저수지의 개들〉을 연상시키는 〈스코어〉. 〈정크〉는 일

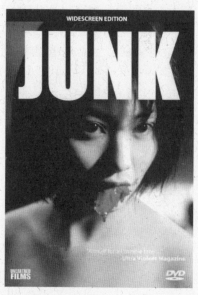

정크

본 최초의 좀비물이란 말도 있다. 이야기도, 고어도 뛰어나다. 4인조 보석 강도가 장물아비를 만나기로 한 해변의 폐공장. 그런데 하필이면 그곳이 한때 군의 요청으로 좀비를 만드는 약을 개발했던 곳이다. 〈정크〉는 해외에서도 좋은 평가를 받았다. ▶감독 무로가 아츠시, 출연 아사노 노부유키·에하라 슈, 2000

조지 A. 로메로 George A. Romero

1940년생. 이른바 '시체 3부작'으로 좀비영화의 아버지가 된 영화감독. 1968년 그 유명한 〈살아 있는 시체들의 밤〉을 만들었고, 21세기 들어 다시 만들기 시작한 좀비영화도 널리 알려져 있지만, 조지 로메로의 필모그래피에는 좀비 이외의 공포를 다룬 영화도 많다. 1973년작 〈크레이지〉는 생화학무기의 부작용으로 인간의 폭력성이 극단적으로 변하는 모습을 보여 주며 1977년작 〈마틴〉은 뱀파이어를 다룬 영화로, 조지 로메로가 자신의 영화 중 가장 아낀

조지 A. 로메로

다고 말한 적이 있다. 마녀사냥을 다룬 〈잭의 아내: 마녀의 계절〉(1972), 스티븐 킹의 소설을 각색한 〈크립쇼〉(1982) 와 〈다크 하프〉(1993), 동물실험의 악몽을 다룬 〈어둠의 사투〉(1988), 다리오 아르젠토와 함께 만든 〈검은 고양이〉(1990), 사이코 스릴러인 〈브루저〉(2000) 등 다양한 공포영화를 만들었다. 〈레지던트 이블〉의 연출이 수포로 돌아가면서 한때 DC 코믹스에서 '시체 3부작'의 다음 이야기 정도인 〈죽음의 죽음〉을 만들기도 했다. 어느 정도 지능이 있고, 과거의 기억도 남아 있는 좀비 이야기. 조지 로메로는 여전히 '좀비'에 관련된 영화, 게임 등에 관여하고 있다.

좀비 [소설]

루이스 캐롤 오츠의 〈좀비〉에는 우리가 잘 알고 있는 좀비는 등장하지 않는다. 대신 우리가 영화와 소설 속의 좀비에게 무엇을 투영하고 있는지를 말해 준다. 조이스 캐롤 오츠는 인간의 마음 깊은 곳에 잠겨 있는 어둠을 신랄하고 진중하게 파헤치는 작가다. 1964년 〈아찔한 추락과 함께〉(With Shuddering Fall)로 데뷔한 후 50편이 넘는 장편과 1,000편이 넘는 단편을 발표했다. 1996년작 〈좀비〉는 브램 스토커상 수상작이다. 〈좀비〉의 주인공 Q_ P_는 연쇄살인범이다. 그가 바라보는 세상, 사람들을 납치하여 좀비로 만들려고 하는 이유, 그의 궁극적인 욕망을 조이스 캐롤 오츠는 섬뜩하게 그려 낸다.

Q_ P_는 흑인 소년을 납치하여 성폭행하려 했다는 죄목으로 집행 유예 판결을 받는다. 풀려난 그에게 아버지는 차를 주고 할머니 소유의 건물 관리인을 맡긴다. 아들을 신뢰한다는 것을 보여 주기 위한 시도였다. 하지만 그건 일종의 제스처에 불과하다. 저명한 대학교수인 아버지는, 아들을 신뢰하는 것이 아니라 아들로부터 도망치고 싶은 것뿐이다. Q_ P_는 사람을 납치하여 자신의 좀비로 만들고 싶

어 한다. 자신의 명령대로 움직이는, 어떤 의심이나 질문도 던지지 않는 존재. 그래서 그는 좀비를 원한다. 좀비 친구를, 어쩌면 좀비들의 세상을.

Q_ P_는 분명히 비정상적이다. 그가 어린 시절 흠모했던 소년과 닮은 아이를 발견하고, 욕망에 들끓어 좌충우돌하는 모습을 보면 더욱 그렇다. 그에게는 오로지 자기 자신밖에 없다. 그는 미쳤고 흉악한 범죄자다. 하지만 과연 우리는 얼마나 다를까. 아버지가 존경했던 스승은 사후에 민간인을 대상으로 비인간적인 인체 실험을 했음이 드러난다. 아버지는 슬그머니 스승과 함께 찍었던 사진을 치워 버린다. Q_ P_는 오래전, 아버지와 함께 대학의 연구실에 간 적이 있었다. 그곳에는 고양이, 토끼, 원숭이 우리가 한가득 쌓여 있었다. 실험용 동물들이었다. "몇몇은 눈알을 번득거렸지만 보지 못했고, 모두 입을 벌리고 있었지만 소리 내지 못했다. 들리지 않는 소리 없는 비명이 공중에 울려 퍼졌다." Q_ P_가 원하는 좀비도, 그런 동물과도 같은 사람들이다.

좀비로 안전한 대상은 타자 사람이다. 히치하이커, 부랑자, 쓰레기 같은 부류(비쩍 마르거나 마약중독자나 에이즈 환자만 아니라면). 또는 시내에서 얼쩡대는 집도 절도 없는 흑인. 아무도 신경 쓰지 않을 인간. 태어나지 말았어야 될 인간.

Q_ P_가 그런 사람만을 대상으로 했다면, 아마 그는 영원히 무수한 범죄를 저지를 수 있을 것이다. 실종 신고도 되지 않고, 가족들이 찾지도 않고, 따라서 그를 의심하지도 않을 테니까. 하지만 Q_ P_가 교외의 백인 소년을 노렸을 때, 그는 바로 용의선상에 오르게 된다. 그들은 보호받고 있으니까. 그들은 안전하게, 그들만의 세상에서 살고 있으니까.

Q_ P_의 누나 주디는 어릴 때부터 반장에 스포츠 스타였고, 지금은 중학교 교장이다. Q_ P_가 집행 유예를 받은

뒤, 더욱 남동생을 아끼게 된 주디는 친구들과의 저녁 식사에 그를 부른다. 주디와 친구들은 건강보험, 범죄 문제, 우익의 편집증적 정치, 총기 소지와 낙태 문제에 대해 열성적으로 토론한다. 누군가 "인류의 잔혹사 중 많은 부분이 종교 때문"이라 말하자 누구는 "종교가 아니라 권력, 정치권력이 그런 것"이라 말하고, 주디는 "우리는 외적인 것과 종교적인 것, 내적인 것과 영적인 것 사이에서 갈등하며, 다가올 새천년엔 호모사피엔스의 구원이 있을 것"이라고 말한다. 그 토론을 지켜보면서 Q_ P_는 자신이 저지른 납치와 살인에 대해 생각하고 "가슴을 도려내면 여자는 남자와 별반 다를 게 없겠지. 남자가 성기를 자르면 여자와 크게 다르지 않을 것처럼. 가슴은 추로 지방이다. 뼈는 없나?" 같은 것을 떠올린다. 주디와 그의 친구들은 과연 Q_ P_와 얼마나 다른 존재일까? 우리는 과연 Q_ P_와 다른 존재일까? 좀비는 과연 누구인 것일까? ▶ 루이스 캐롤 오츠 지음

좀비 Zombie 영화

루치오 풀치의 영화 〈좀비〉는 1992년에 비디오로 나왔으나 중요한 부분이 모두 잘려 나간 적이 있다. 이탈리아 감독 루치오 풀치는 일반 대중에게는 거의 알려지지 않았지만, 공포영화 마니아의 열렬한 지지를 받는 감독이다. 고어의 황제로 불리는 루치오 풀치의 영화는 머리가 터져 버리거나, 안구를 자르는 등 극악한 고어 장면으로 유명하다. 원래 루치오 풀치는 어떤 장르이건 능숙하게 만들어 내는 장인이었다. 뮤지컬과 코미디, 서부극 등 다양한 장르를 만들어 내던 루치오 풀치는 60년대 후반부터 스릴러 장르에 주력한다. 가톨릭 교회에 대한 풍자가 문제가 되어 고난을 겪었지만 루치오 풀치는 1979년에 만든 〈좀비〉로 세계적인 명성을 얻게 된다. 이후 루치오 풀치는 〈하우스 바이 세미테리〉, 〈비욘드〉, 〈시티 오브 리빙 데드〉, 〈뉴욕 리퍼〉 등 고어영화

의 대표작들을 연이어 발표한다. 그러나 루치오 풀치는 거장으로 추앙받은 라이벌 다리오 아르젠토에 비하여 낮은 평가를 받고 있다. 각본의 허술함과 캐릭터의 빈약함은 그의 전작에서 항상 비판받는 부분이고, 작품 전체에 흐르는 일관된 사상이나 철학 같은 것도 두드러지게 발견되지 않는다.

〈좀비〉의 내용도 아주 간단하다. 뉴욕 만에 들어온 요트에서 이상한 괴물이 발견된다. 괴물은 경찰 하나를 죽인 후 총에 맞아 물속으로 사라져 버린다. 요트 주인의 딸인 앤 바울스는 기자인 피터와 함께 사라진 아버지를 찾아 나선다. 아버지가 거쳤던 섬에 도착한 앤과 피터는 의사인 데이비드를 만나 아버지의 소식을 듣는다. 섬에는 이상한 병이 돌고 있었고, 아버지도 그 병에 걸려 죽었던 것이다. 병에 걸린 사람이 죽으면 좀비가 되고, 좀비에게 물린 사람 역시 좀비가 되어 섬은 점차 폐허로 변하고 있었다.

그런데 처음 루치오 풀치가 〈좀비〉를 개봉했을 때의 제목은 'Zombi 2'였다. 그렇다면 1편도 있는 것일까? 조지 A. 로메로의 좀비 3부작의 두 번째 작품인 〈이블 헌터〉(Dawn of the Dead)가 이탈리아에 개봉했을 때의 제목이 〈좀비〉(Zombi)였다. 파격적인 고어 장면과 비관적인 세계관이 인상적인 이 영화의 대성공을 본 루치오 풀치는 자신의 영화에 'Zombi 2'라는 제목을 붙여 개봉했다. 뉴욕이 좀비 천지가 되어 버린 이 영화의 마지막 장면은 조지 A. 로메로의 영향을 받은 것이 분명하다.

조지 A. 로메로의 좀비 3부작에 견주기는 힘들지만, 〈좀비〉는 공포영화 애호가에게 남다른 작품으로 꼽힐 만하다. 몇 개의 명장면이 있다. 튀어나온 나무토막에 눈이 찔리는 것을 천천히, 자세하게 보여 주는 장면은 루치오 풀치의 전매특허다. 400년 전의 무덤에서 스페인 병사 시체가 천천히 일어서는 과정을 보여 주는 장면도 볼만하다. 하지만 그 어떤 장면도 상어와 좀비의 혈투를 능가할 수는 없다. 섬으로 향하던 앤 일행은, 잠시 바다에서 노닥거린다. 수영복을 입고 헤엄을 치던 앤은 멀리서 다가오는 상어를 발견한다. 그러다가 난데없이 바다 밑을 걸어오던 좀비와도 만난다. 여인을 쫓아오던 상어는 좀비와 싸우기 시작한다. 좀비가 상어를 물어뜯고, 상어도 좀비의 팔 하나를 가져간다. 그러면 상어도 좀비가 되는 걸까? 이 장면은 정말 난데없다. 좀비가 깊은 바다 속에 왜 들어갔는지도 알 수 없을 뿐 아니라, 갑자기 나타날 이유도 없다. 하지만 멋진 주제음악과 함께 펼쳐지는 상어와 좀비의 혈투는, 기묘한 감흥을 불러일으킨다. 황당하면서도, 대단히 멋지다. 스토리와는 아무 상관없는 장면을 찍기 위하여 바다 속으로 카메라를 끌고 들어간 루치오 풀치의 호기는 감탄할 만하다. ▶감독 루치오 풀치, 출연 티사 패로우·이안 맥컬로, 1979

좀비 Zombie 음악

아일랜드 출신의 4인조 얼터너티브 록 밴드 크랜베리스의 대표곡. 2003년 활동 중단을 선언했다가 2009년 재결합했다. 보컬 돌로레스 오리어던의 청아한 음색, 음절을 뒤집는 특이한 창법으로 1990년대 중반 한국에서도 많은 사랑을 받았다. 1994년 발표한 두 번째 앨범 'No Need to Argue'의 첫 싱글곡인 "좀비"(Zombie)는 그들의 다른 히트 넘버인 "Dreams", "Ode to My Family" 등과는 사뭇 다른 무거운 분위기가 감돈다. 전쟁이 끊이지 않았던 아일랜드의 독립 투쟁의 역사가 배경이다. 가사를 일부 해석해 보면 "또 다른 어머니의 슬픔이 반복되고 있어 / 폭력이 침묵을 만들어 낼 때는, 무언가 잘못되고 있다는 말이지 / 1916년부터 계속된 오래된 이야기지 / 네 머릿속에서 아직도, 네 머릿속에서만 싸우고 있는 거지 / 탱크와 폭탄으로, 폭탄과 총으로 / 네 머릿속에서, 네 머릿속에서 사람들이 죽어가."

1916년은 아일랜드 독립 무장봉기와 영국에 의한 무력 진압이 일어난 1916년을 가리킨다. ▶크랜베리스

좀비가 그녀의 뇌를 먹었네 Zombies Ate Her Brain 음악

캐나다 출신 4인조 네오펑크 밴드 크립쇼는 2005년 결성해 2006년 곧바로 펑크 레이블 스테레오 다이너마이트와 계약을 맺고, 몇 주 후 EMI의 눈에 띄어 일사천리로 앨범 발매가 이뤄진 실력파 밴드다. 리드보컬과 기타를 맡고 있는 헬캣(Hellcat aka Jen Blackwood)의 시원스러운 발성과 매력적인 외모를 비디오로 먼저 만나 본다면 호감도가 상승할 것이다. "좀비가 그녀의 뇌를 먹었네"(Zombies Ate Her Brain)는 데뷔 앨범 'Sell Your Soul'의 첫 싱글곡. 으스스한 제목과는 달리 곡은 사뭇 발랄한데, 내용도 발랄(?)하다. "예쁘고 사랑스러운 아가씨가 저 아래 무덤가를 지나다 사라졌어 / 아무도 없어야 할 그곳에서 누군가 그녀의 머리를 잡아챘어! / 좀비가 그녀의 뇌를 파먹는 소리를 듣고 말았어 / 아, 그녀도 좀비로 변하고 말겠지 / 언젠가 시내를 걷다 그녀를 본다면 좀비니까 딱히 신경 쓸 건 없지만 / 아주 단순한 질문도 하지 않길 바라 / 왜냐면 그녀는 좀비한테 뇌를 먹혀 아무것도 이해 못할 테니까!" 뮤직비디오의 값싼 좀비 분장도 볼만하다. ▶크립쇼

좀비 건십 Zombie Gunship 게임

플레이어가 AC-130 건십의 사수가 되어 좀비의 공격을 피해 벙커로 피란 중인 시민을 안전하게 벙커까지 갈 수 있도록 좀비를 쏘아 죽이는 게임. 열 감지 화면으로 보기 때문에 하얀색으로 움직이는 형체는 인간, 검은색 형체는 좀비다. 잘못 쏴 사람을 3명 죽이면 게임 오버. 사살한 좀비의 수와 구출한 시민 수를 따져 게임 오버가 되면 코인을 얻고, 그걸로 무기를 업그레이드할 수 있다. ▶림빅 소프트웨어

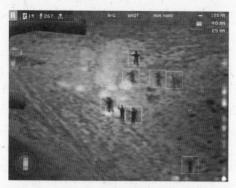

좀비 건십

좀비 걸 Zombie Girl: The Movie 다큐멘터리

'좀비 걸'이라니 일본의 싸구려 좀비 액션영화가 떠오르기 쉽지만 〈좀비 걸〉은 진지한 다큐멘터리다. 주인공은 좀비영

좀비 걸

화를 만드는 12세의 소녀 에밀리 하긴스. 매니저 역할을 하
는 엄마의 후원 속에서 영화를 만드는 에밀리는 시나리오
를 쓰고 스토리보드를 만들며 배우를 캐스팅하기 위한 오
디션에 열중한다. 그녀의 첫 번째 좀비영화 〈병원균〉의 시
사회까지 카메라가 따라가는 〈좀비 걸〉은 영화를 만들며
성장하는 한 소녀의 이야기다. ▶감독 저스틴 존슨·아론 마
샬·에릭 모크, 출연 에밀리 하긴스·메건 하긴스, 2009

좀비경제

침체된 경기를 살리기 위해 각종 경기 부양 정책을 펴도 경
제 주체들이 거의 반응하지 않는 현상을 일컫는 용어. 버블
붕괴 이후 계속되는 일본의 불안한 경제 상황을 지칭하기
위해 국제 금융전문가들이 처음 사용한 개념. 1990년대부
터 현재까지, 일본 경제는 침체 일로였다. 2003년 초에 결
국 금리가 제로 수준에 이르렀고 공공 부채도 국내총생산
(GDP)의 130%를 넘어섰으며 금융기관들의 부실채권도
줄어들지 않고 있다. 이 때문에 어떤 정책을 내놓아도 효력
을 발휘하지 못하는 현상이 생겼다. 일본의 내수 시장은 그
럭저럭 돌아간다는 말은, 바꿔 말하면 그 안에서만 돌고 돌
며 겨우 목숨을 부지하고 있다는 뜻. 2012년 4월 안철수 당
시 서울대학교 교수는 한 매체와의 인터뷰에서 "정부가 대
기업의 중소기업에 대한 약탈 행위를 방조해 한국 경제는
'좀비경제'로 전락했다"는 발언을 한 적이 있다.

좀비 기원설

좀비에 대한 일반적인 정의는 '인간 숙주를 점거한 채 인육
을 먹고 싶다는 욕구를 가진 생명체'다. 이런 정의는 서아
프리카와 아이티 부두교 의식에서 말하는 좀비라는 단어
와는 어원이 일치하지 않는다. 거기에서 좀비란 유순한 노
동자로 이용당하는 존재로 그려진다. 현대 좀비는 소설과

영화, 게임 등 우리가 좀비 정전(正殿)이라 부를 수 있는 대중문화 작품을 기반으로 하는데, 대체로 좀비는 말할 줄 모르고, 인간이었을 때 가졌던 정체성을 유지하지 못한다. 또 〈레지던트 이블〉에서처럼 개와 새도 감염되는 경우도 있지만 대부분은 인간만이 좀비로 변하고, 일단 죽어야 좀비가 될 수 있다. 좀비가 인육을 먹고 싶어하는 것 외에 다른 욕구를 가졌는지는 불분명하다.

좀비 이야기에서 가장 큰 차이를 보이는 것은 기원설이다. 왜 죽은 자가 산 자를 잡아먹는 걸일까? 조미 A. 로메로는 〈살아 있는 시체들의 밤〉에서 지구로 귀환한 우주탐사선이 그때까지 알려지지 않은 종류의 방사선으로 지구를 오염시켰다는 설을 제시한다. 스티븐 킹은 〈셀〉에서 '펄스'라는 전파를 원인으로 말한다. 〈레지던트 이블〉에서 엄브렐러 회사는 유전자 조작으로 T바이러스를 만들다가 좀비를 퍼뜨린다. 맥스 브룩스에 의하면 좀비의 기원은 솔라눔 바이러스(Solanum Virus)다. 브룩스는 〈세계대전Z〉에서 설명하길 중국 산샤 댐 유수지 밑바닥에서 솔라눔 바이러스가 나왔다고 한다. 피터 잭슨 감독이 연출한 〈데드 얼라이브〉에서는 수마트라 악마 원숭이에게 물린 사람이 첫 번째 좀비가 된다. 루벤 플라이셔가 연출한 〈좀비랜드〉에선 이렇게 간단히 설명한다. "미친 암소가 미친 사람이 되었고, 미친 사람이 좀비가 되었다." 일부 소설에서는 악마에 빙의되어 좀비가 된다는 초자연적 발생설을 제시한다. 로메로는 〈이블 헌터〉에서 "지옥에 더 이상 자리가 없을 때 죽은 자가 다시 살아날 것이다"라는 다소 모호한 설명을 한다. 마이클 잭슨의 경우엔, '스릴러'의 마성 때문에 시체들이 가장 행렬을 벌인다. 이처럼 왜 시체들이 일어나 사람을 잡아먹게 되는지에 대해서는 합의된 게 없지만, 일반적으로 말한다면 대개의 좀비 정전에선 바이러스, 프리온, 독소를 포함한 과학적 원인으로 좀비 기원을 설명하려는 경향이 있다. 이와는 상대적으로 좀비 행동과 그 속성은 좀비 정전 전반에 걸쳐 거의 유사한 모습으로 묘사된다. 일부 예외를 빼고 현대 좀비 이야기는 모두 다음 세 가지 규칙을 준수한다. ①좀비는 인육만을 원한다. 좀비는 다른 좀비를 잡아먹지 않는다. ②좀비에게 물린 인간은 반드시 좀비가 된다. ③뇌를 파괴하지 않으면 좀비를 죽일 수 없다.

좀비 다이스 Zombie Dice B 게임

손에 쥐고 흔들기 좋은 크기의 원통, 그리고 주사위 13개로 하는 보드게임이다. 플레이어가 좀비가 되어 사람들의 뇌를 먹는 게 최종 목적. 물론 그 와중에 사람들이 도망가기도 하고, 반격을 가하기도 하는데 플레이어는 매순간 지금 점수에 만족하고 다음 턴을 기다릴 것인가, 위험을 안고 사람들을 사냥할 것인가를 선택하게 된다. 통에 담긴 13개의 주사위 중 3개를 꺼낸 다음, 던져서 나온 결과에 따라 행동하면 된다. 인간의 뇌를 먹으며 포인트를 벌어 최종적으로 13점을 먼저 낸 사람이 승리하는 게임. ▶스티브 잭슨 게임즈

좀비 다이어리스 The Zombie Diaries 영화

모큐멘터리 형식으로 만든 영국 좀비영화. 수준은 최악. 속편 〈좀비 다이어리스 2 - 월드 오브 더 데드〉(2011)는 조금 낮지만 권할 수준은 아니다. ▶감독 마이클 바틀렛·케빈 게이츠, 출연 러셀 존스·크레이그 스토빈, 2006

좀비 VS 구급차 The Zombie VS Ambulance B 게임

D3 퍼블리셔가 발매하는 저가형 게임 '심플 시리즈' 중 하나. 주인공은 병원 인턴이다. 어느 날 지축이 흔들리는 충격에 쓰러져 정신을 차려 보니 도시는 초토화. 설상가상으로 어디선가 나타난 좀비들이 거리를 휩쓸고 있다. 주인공은 도시 내 생존자를 구하기 위해 구급차를 몰고 도시를 돌며

좀비와 싸운다. 구급차는 좀비를 들이받아 해치우는 무기이자, 생존자를 안전한 병원으로 이송하기 위한 수단이다. 구급차를 몰고 도시를 돌며 생존자를 하나둘 구출하는데, 탑승한 생존자 중 기술자가 있으면 구급차를 개조할 수 있다. 물론 개조에는 충분한 돈이 필요하지만, 이는 좀비를 신나게 치어 죽이면서 자연스레 해결된다. 구급차 앞에 거대한 낫이나 드릴을 달 수도, 차 뒤에 제트엔진을 장착할 수도 있다. 다음 스테이지로 가기 위해서는 반드시 구출해야 하는 사람이 있다. 그것은 정치인. 게임에서나 현실에서나 귀찮지만 버릴 수는 없는 존재다. ▶ D3 퍼블리셔

좀비 대 로봇 Zombie VS Robot 만화

인류가 멸망한 세계, 남겨진 것은 좀비와 로봇뿐이다. 두 세력은 서로에게 원한이 있는 것은 아니나 하늘 아래 최후의 종족(?)으로 남고 싶었는지, 끊임없이 전투를 벌인다. 지성 대신 식욕만 남은 좀비가 싫었던 걸까, 아니면 먹을 수도 없는데 인간처럼 구는 로봇이 꼴 보기 싫었던 걸까. ▶ 크리스 라이얼, 애쉴리 우드 지음

좀비 댄스 Zombie Dance 음악

[1] 크램스의 두 번째 앨범 'Songs The Lord Taught Us'는 기괴했다. 로커빌리, 포스트 펑크, 로큰롤, 개러지, 사이키델릭이 칵테일처럼 뒤섞인 복잡한 사운드에 외계인, 좀비, 늑대인간, 연쇄살인마 같은 싸구려 소재를 도발적으로 엮어 노랫말을 붙였다. 뉴욕의 펑크신이 들썩이자 비평가들은 곧바로 크램스를 주목했다. 기타리스트 브라이언 그레고리가 1980년 전미투어 도중 밴드의 밴을 몰고 나가 모든 장비를 팔아 치워 마약을 사는 데 탕진하고 사라져 한동안 활동이 어렵게 되기 전까지는. 그래도 이듬해 새 앨범을 발표하고 2002년까지 무수한 멤버 교체가 있었지만 꾸준히 활

동하며 건재함을 과시했다. "좀비 댄스"(Zombie Dance)는
'Songs The Lord Taught Us'(1980)에 수록된 곡. 노랫말은
이미 죽은 벤과 베티, 그리고 다른 좀비까지 '좀비 홀'에 모
여 기괴한 춤을 추는 장면을 묘사한다. 귀를 씰룩이며 그루
브를 타고 발가락을 까딱거리지만 아무도 움직이지 않는 것
처럼 보이는 '죽음의 무도'를 좀비 댄스라 칭했다. ▶크램스

[2] 2004년 미국 라스베이거스에서 결성된 이모펑크 밴드
이스케이프 더 페이트(Escape The Fate)가 2010년에 발표
한 'Escape The Fate' 앨범 수록곡. 라이브 세트리스트에서
빠지지 않고 부르는 히트곡이다. 점점 가까이 다가오는 좀
비, 처음엔 공포에 질렸지만 차츰 피부를 씹어 맛보고 피에
열광하는 존재가 되고 싶어 한다는 내용. 피와 죽음을 숭배
하는 도발적인 곡이다. ▶이스케이프 더 페이트

좀비 더스트 Zombie Dust

트리아졸람과 코카인의 합성 마약이며 정식(?) 명칭은 '나
르코틱'(Narcotic)이다. 흰 가루를 코로 흡입하는 방식이다.
'좀비 더스트'라는 별명을 얻게 된 이유는 이 합성 마약의
효과 때문인데, 투여하면 몸은 깨어 있지만 머리는 극도의
행복감에 도취되어 잠든 상태가 된다.

좀비들 [소설]

김중혁의 소설. "이것은 좀비들의 이야기가 아니다. 잊고 있
던 기억에 대한 이야기다. 기억하고 싶은 사람들에 대한 이
야기다. 오랫동안 좀비들을 품고 있었다. 이제는 모두 세상
으로 떠나보낸다. 아마도, 좀비들은 영원히 죽지 않을 것이
다."('작가의 말' 중)

　　그러나 '좀비'라는 단어에 이끌려 책을 집어든 사람에
게는 다행스럽게도, 이 책은 좀비 이야기가 맞다. '나' 채지
훈은 전국을 다니며 휴대전화 수신 감도를 측정하는 일을

한다. 전파가 전혀 잡히지 않는 지역을 발견했지만 검색 제외 지역이라는 상사의 말에 곧 뇌리에서 지운다. 그런 수동적인 일이다. 엄마가 돌아가신 후 유일한 가족이던 형마저 잃은 지훈은 형이 남긴 레코드를 챙겨 집을 나온다. 차에서 생활하며, 홀로 차를 타고 전국을 돌며 일하는 그는 아마도 세상에서 가장 외로운 사내일 것이다. 차에서 LP를 들을 수 있는 '허그 쇼크'를 설치하고 음악을 듣는 지훈. 형이 좋아하는 음악은 죄다 1960년대의 음악이다. 그중 가장 마음에 드는 음악은 '스톤플라워'의 곡. 스톤플라워의 LP판 한 장이 연쇄적으로 다음 사건을 줄줄이 일으키는 첫 번째 도미노가 된다.

스톤플라워에 대해 조사하기 위해 찾은 도서관에서 만난 직원 '뚱보130'과 친구가 되고 스톤플라워의 자서전 번역자를 찾기 위해 함께 떠난다. 번역자 홍혜정이 살고 있는 마을은 전파가 잡히지 않는 그곳, '고리오 마을'이었다. 나이도 성별도 직업도 제각각이지만 같은 취미를 가진 세 사람은 곧 절친한 친구가 됐고 지훈은 홍의 소개로 마을 빈집에 정착한다. 그리고 평화롭고 잔잔한 즐거움이 있는 날들. 홍의 갑작스러운 죽음, 그리고 홍의 딸인 홍이안의 출현으로 이들의 관계는 깨어지고, 드디어 좀비가 등장한다.

마을 주민들은 좀비의 사체를 수습하면서도 지훈 일행에게 이렇다 할 말을 해 주지 않는다. 고리오 마을 사람은 무엇을 숨기고 있는 것일까. 처음엔 좀비를 보고 몸서리치던 지훈 일행, 일상은 계속되고 서로 유머를 주고받으며 생활한다. 어느새 마을을 에워싼 군인들이 좀비들을 무생물 다루듯 하자 분노를 느끼며 연민을 느끼기까지 한다. 살점보다 뼈가 더 많이 보이는 얼굴, 썩어 가는 몸뚱이, 피가 발효되면 나는 냄새일까 싶은 '죽음 이후'의 냄새를 풍기며 다가오는 좀비의 모습. 우리가 익히 알고 있는 좀비의 모습이지만 〈좀비들〉의 좀비들은 제거의 대상으로 그려지지 않는다. 삶과 죽음을 모두 겪고 선 그들은 우리 중 누군가의 기억 속에 남아 있는 이웃일 수도 있다. 지훈 일행은 좀비들과의 대면을 통해 가까운 가족의 죽음을 다시금 떠올린다.

"거리에서 큰 소리로 음악을 듣는 폭주족처럼 우리는 달렸고, 스톤플라워의 음악은 멈추지 않았다. 마음과 몸이 동시에 흔들렸다. 하늘에서는 눈송이처럼 재가 날렸고, 희뿌연 연기가 안개처럼 분위기를 더해 주었다. 멀리서 이 광경을 보면 수백 명의 아이들이 소풍을 떠나는 줄 알 것이다. 나는 가끔 고개를 돌려 좀비들이 잘 따라오고 있는지 보았다."

소설의 막바지 이 대목에서 주인공이 스톤플라워의 음악을 크게 틀고 수백 명의 좀비와 함께 먼 곳을 향해 나아가는 장면은 그래서 인상적이다. 1960년대 록밴드 스톤플라워의 음악을 통해 지훈과 뚱보130과 홍혜정이 만나 '또 하나의 가족'을 이룬 것처럼, 좀비들과 주인공이 스톤플라워의 음악을 매개로 하나로 모여 새로운 삶을 향해 나아가는 것이다. 그러고 보면, 이것은 "좀비들의 이야기가 아니다"라고 한 작가의 말이 온당한 듯 여겨진다. ▶김중혁 지음

좀비 떼가 나타났다네 음악

멤버 권기욱이 말한 "내가 〈나루토〉를 봤는데, 존나 열심히 안 하면 안 될 거 같아. 근데 우린 열심히 안 하잖아. 우린 안 될 거야. 아마"가 유행어가 되어 이것을 인연으로 〈나루토〉 TV 애니메이션 한국판 오프닝송까지 부르게 된 타바코쥬스. "좀비 떼가 나타났다네"는 그들의 첫 (그리고 마지막이라고 선언한) 정규 앨범 '쓰레기는 어디로 갈까요?'에 수록된 곡이다. 가사는, 차라리 죽고 싶은 (하지만 이미 죽었으니 또 죽기는 어려운) 좀비 떼가 나타나 수능 1등, 섹시했던 그녀, 동네 똥개 가리지 않고 잡아먹다 서로 잡아먹는다는 내용. 뮤직비디오에 전 멤버가 출연해 인간과 좀비를

넘나드는 퍼포먼스(?)를 선보인다. 극도로 심플한 리프의 반복이 곡의 전부지만 '다 죽자'식의 가사와 보컬 권기욱의 목소리가 더해지니 꽤 괜찮은 곡이 되었다. ▶타바코쥬스

좀비랜드 Zombieland 영화

이미 모든 것은 끝나고, 좀비의 세상이 된 좀비랜드. 그런데 강하지도 않고, 강철 같은 의지가 있는 것도 아닌 보통의 찌질한 청소년 콜럼버스는 어떻게 살아남았을까. 평소처럼 게임이나 하며 집에 처박혀 있던 콜럼버스는 노크 소리에 문을 열어 준다. 그 앞에 서 있는 건, 그가 사모했던 옆집 여인. 좀비를 피해 긴급 피난을 요청했던 것인데, 콜럼버스는 사랑의 유혹에 넘어가지 않고 첫 단추를 잘 꿴 덕택에 좀비랜드에서 살아남게 된다. 영화가 시작되면 콜럼버스의 독백으로, 그가 좀비랜드에서 살아남을 수 있었던 '규칙'이 하나하나 설명된다. 그걸 잘 봐 두면 실제로 좀비가 나타났을 때 살아남을 수 있을 것이다. 저 찌질한 콜럼버스도 살

좀비랜드

아남았으니까. 홀로 방황하던 콜럼버스는 트윙키를 찾아 다니는 좀비 사냥꾼 탤러허시를 만나고, 위치타 자매를 만나 유사 가족도 경험하고, 사랑에도 빠지게 된다. 그러니까 〈좀비랜드〉는 청소년의 자아 찾기를 그린 유쾌한 좀비영화인 것이다. 그 의도만큼 신선하고, 경쾌하고, 재미있다. 좀비가 나오지만. ▶감독 루벤 플레셔, 출연 우디 해럴슨·제시 아이젠버그·엠마 스톤, 2009

좀비런 Zombie Run

2013년부터 한국에서 시작된 좀비를 테마로 한 체험형 놀이 행사. 현실 세계에서 직접 참여해 즐기는 좀비 액션 게임으로, 참여하는 플레이어들은 기획된 좀비 재난 상황 속 주인공이 되어 좀비를 피해 탈출하기 위한 여러 가지 미션을 수행한다. 모든 참가자는 '러너'가 되어 허리에 찬 생명띠 3개를 목숨 대신 지켜내며 좀비로부터 탈출하면 된다. 장소는 매번 달라지며, 연세대학교, 서울랜드, 합천 영상테마파크, 서울랜드, 인천 문학경기장, 부산 아시아드 경기장 등에서 개최되었다. 좀비런 이벤트에 참여하는 방식은 사실 두 가지인데, '러너'로 참가해 좀비를 따돌리고 살아남는 쪽과 '좀비'가 되는 것이다! 기이하고 무서운 좀비 분장을 하고 뛰어다니며 인간을 사냥하는 재미를 만끽할 수 있다.

좀비 레이스, 런닝맨 예능

2012년 6월 10일 방영된 예능 프로그램. 〈런닝맨〉이란 제목답게 매 에피소드마다 출연진들은 잡히지 않기 위해, 살아남기 위해 뛰고 뛴다. "좀비 레이스" 편은 런닝맨 출연진들이 '런닝고' 고등학생으로 분해 인천으로 수학여행을 떠나는 것으로 시작한다. 인천 곳곳을 돌며 미션 레이스를 끝내고 숙소에 도착해 화기애애한 분위기 속에 캠프파이어와 장기 자랑이 진행된다. 상황은 급변해 곧이어 멤버 중 좀비

가 숨어 있다는 사실을 알게 되고, 멤버들은 각자 전략을
짜 인간으로 끝까지 살아남기 위해 뛴다. 누가 좀비인지 모
르는 상황에 하나둘씩 좀비는 늘어만 간다. 좀비를 퇴치하
는 방법은 등에 부착된 이름표를 뜯어내는 것. 〈무한도전〉
의 "28분 후" 특집과 같은 불상사 없이 끝까지 반전의 반전
을 거듭하며 급기야 좀비가 인간을 이기는 결말로 막을 내
렸다. ▶ SBS

좀비 로드 트립 Zombie Road Trip 게임

뒤따라오는 좀비 떼를 뿌리치고, 앞에 나타나는 좀비를 총
으로 쏴 죽이며 먼 길을 떠나는 레이싱 게임. 앞뒤로 회전할
수 있는 버튼을 이용해 울퉁불퉁한 노면을 제대로 달리는
게 첫 번째 목표, 앞에 나타나는 좀비를 총으로 사살하는
것을 두 번째 목표로 삼고 달리면 된다. 차체의 균형을 잘
잡으며 공중회전 따위를 일정 이상 해내면 일시적으로 부
스터 효과가 생겨 뒤따라오는 좀비를 좀 더 멀찌감치 떨쳐
버릴 수 있다. 앞에 나타난 좀비를 총으로 쏘아 죽여야 하
는 이유는, 그냥 차로 들이받아도 죽는 건 마찬가지지만 주
행속도가 떨어져 뒤따라오는 좀비가 차를 덮칠 수도 있기
때문. 전후의 좀비들을 신경 쓰며 끝없이 달리면 된다. 약

좀비 로드 트립

5,000m 간격으로 스테이지가 변하는데, 노면 상태와 출현하는 좀비의 종류, 풍경이 달라지도록 해 플레이의 단조로움을 피했다. 죽인 좀비는 게임이 끝나면 동전으로 환산되며, 이를 모아 무기와 차량을 업그레이드할 수 있다. ▶누들케이크

좀비론 Zombie-Loan [만화]

스퀘어에닉스사의 만화잡지 〈월간 G판타지〉에 연재 중인 만화. 주인공 기타 미치루는 하고 싶은 말도 제대로 못하고, 학교 친구들에게 괴롭힘당하는 소심한 소녀다. 시력이 나쁘지 않음에도 불구하고 안경 벗는 것을 매우 싫어하는데, 바로 남들이 보지 못하는 것을 보기 때문이다. 평범한 사람들 속에서 간혹 목에 빨간색 링을 감고 있는 사람이 보인다. 이게 무엇을 의미하는지 몰랐던 그녀는 학교의 두 인기남, 아카츠키 치카와 타치바나 시토의 목에서 그것을 발견한다. 곧 그녀는 그것이 '죽음을 예고하는 링'임을 알게 된다. 그들과 가까워지며 '사신의 눈'을 가진 것이 들통나고, 왜 그들에게 링이 씌워져 있는지도 알게 된다. 빨간색 링과 관련되어 있는 좀비들의 공격을 받고 빈사 상태에 이른 미치루는 치카와 시토의 도움을 받아 목숨을 건진다. 하지만 그 결과 미치루도 그들처럼 빨간색 링이 씌워진 처지가 된다. 한없이 죽음과 가깝게 돼 더 이상 평범하지 않은 그들은 공부가 아닌 생존을 위한 여행을 떠난다. 제목이 어째서 '좀비론'인지 곱씹어 볼 것. '빚'은 지는 게 아니다. ▶피치-핏 지음

좀비를 위한 나라는 없다 [만화]

2012년 3월 3일부터 포털사이트 네이버에서 정식 연재를 시작했다. 대부분의 좀비물이 '어느 날 갑자기 좀비 천지가 돼 버린 세상에서 인간으로 살아남기(혹은 인류를 구하기)'에 집중하는 반면 〈좀비를 위한 나라는 없다〉는 좀비

백신이 만들어진 후의 세상을 그린다.

2012년 돼지의 세포에서 에이즈를 예방하는 성분을 추출, 백신으로 만드는 데 성공해 세기의 불치병을 정복했다는 기쁨에 취한 세상. 그러나 곧 새로운 불치병이 나타난다. 바로 좀비 바이러스. 몇 달 가지 않아 한국에만 약 300만 명의 좀비가 생겨나는데, 원인은 바로 돼지에서 추출해 낸 에이즈 특효 성분이었다는 사실이 밝혀진다. 다행히 이듬해 좀비 치료제 개발에 성공, 국가에서 운영하는 연구소와 병원 등이 연계해 '좀비가 있다'는 시민의 제보를 받으면 현장으로 출동해, '인간의 모습으로 살아갈 수 있을 정도로 신체 훼손 정도가 양호한지'를 판별한 후, 백신을 투여하고 병원에 입원시켜 체력을 회복시키고 훼손된 부위를 꿰매는 등의 수술을 마친 뒤 사회로 복귀시킨다. 다시 인간으로 돌아온 사람들은 이상하게도 자신이 좀비였던 때의 기억을 고스란히 지니고 있다. 인륜에 어긋나는 카니발리즘을 취했다는 충격이 이들의 마음에 깊은 상처를 남기는데, 이는 상담을 통해 치료가 가능하다. 좀비에게 물어뜯긴 부위의 흉터는 완전히 아물지 않아 이들에게는 이것이 주홍글씨가 된다. 따뜻한 격려를 보내는 사람이 있는 반면, 끔찍한 죄를 저지른 살인마는 용서할 수 없으니 모두 태워 죽여 버려야 한다고 주장하는 격렬한 반대파도 있다.

여기, 좀비에서 완치된 한 여고생이 있다. 택시를 타도 물어뜯긴 자국 때문에 택시 기사는 힐끔거리고, 거리에서는 좀비 반대파 시위대와 마주친다. 상담 치료를 받지만, 마음의 상처는 몸에 난 상처보다 더디게 아문다. 상담받으러 온 여고생과 상담하는 의사, 좀비 백신을 개발해 찬사와 비난을 동시에 받는 박사, 박사와 일거수일투족을 함께하는 경호원. 그들 주변 누군가는 좀비였고, 혹은 아직 좀비다. 모두들 각자의 사정과 비밀을 몇 가지씩 품고 있다. 현실 세계를 은유하는 설정이 극도로 캐주얼한 카툰 스타일

의 작화, 각 화를 '스테이지'로 표기하는 따위의 롤플레잉 게임 요소와 결합시켰다. ▶ 모래인간 지음

좀비맨 ゾンビマン 만화

우메즈 카즈오, 모로호시 다이지로와 함께 일본에서 가장 유명한 공포 만화가로 꼽히는 히노 히데시의 단편. 히노 히데시는 1946년 만주국 출생으로 원래 영화감독을 지망했지만 고등학생 때 만화를 그리던 친구의 영향으로 만화계로 입문, 1967년 데즈카 오사무의 잡지 〈COM〉을 통해 데뷔한다. 처음부터 공포만화를 그린 것은 아니고, 사극이나 개그만화를 그리지만 반응이 신통치 않자 공포만화로 장르를 옮겨 잡지 〈가로〉에 첫 공포물을 선보이며 독특한 그림과 스토리로 주목받기 시작한다. 〈죠로쿠의 기묘한 병〉, 〈지옥도〉, 〈붉은 뱀〉 세 작품이 한국에 출간된 바 있다. 미학적인 완성도를 위해 한 작품을 장기 연재하지 않는다는 그의 신념 덕에 단행본으로 묶었을 때 두 권 이상인 작품이 없고, 대부분 단편으로 끝나는데 〈좀비맨〉 또한 그의 초기 단편작 중 하나다. 히노 히데시 특유의 동화적인 작풍, 그와 완벽히 대조되는 고어 효과가 일품. 현재 일본에서도 절판된 지 20년이 넘었다. ▶ 히노 히데시 지음

좀비 무사 웹툰

진시황의 명을 받고 불로불사의 비밀을 찾아 오백 명의 남녀가 사방으로 흩어진다. 꽤 오랜 시간이 흐른 후 불로불사의 비기를 담은 '서복의 서(書)'를 누군가가 찾아내는 성과를 거둔다. 하지만 좀비 또한 책과 함께 500년간의 잠에서 깨어나 세상에 나오기 시작한다. 동양을 배경으로 하는 수려한 작화와 액션 신의 탁월한 연출이 볼거리인 웹툰. ▶ 강경훈 지음

좀비 문학상

민음사 출판그룹의 장르소설 임프린트 '황금가지'에서 2010년 처음 개최한 문학상 이벤트. 일명 ZA(Zombie Apocalypse) 문학상. 민음사 홈페이지에 'ZA 문학 공모전' 게시판에 단편, 중편, 장편, 비평을 응모받았다. 시상은 선인세 개념의 상금 장편 300만 원, 중단편 100만 원(+출판 계약)과 부상으로 황금가지에서 출간된 밀리언셀러클럽 1권부터 105권 전질, 비평 부문은 비평지원금 20만 원이었다. 당선작은 〈섬〉, 가작은 〈잿빛 도시를 걷다〉, 〈도도 사피엔스〉, 〈어둠의 맛〉. 일회성 이벤트로 그치는 듯했으나 2011년과 2012년에도 ZA 문학상을 개최했다.

좀비버 Zombeavers 영화

제목처럼 비버가 좀비로 나오는 액션 코미디 공포 영화. 일단의 대학생 친구들이 호숫가 시골 별장에 놀러 가는데, 첫날 밤 일행 중 한 명이 샤워 도중에 비버의 공격을 받자 남자친구가 비버를 방망이로 때려죽인다. 다음 날 사체는 영문도 없이 사라지고 보이지 않는다. 핏빛 발자국을 남긴 채. 여자 셋, 남자 셋은 이제 하나 둘 이승과 작별을 고할 차례다. 극 초반 예기치 않은 사고로 사슴을 친 트럭의 짐칸에

좀비버

실려 있던 산업독극물 통 중 하나가 비버가 사는 호수에 들어가 비버가 좀비화되었다는 설정의 저예산 장르 영화. 2015년 제19회 부천국제판타스틱영화제 월드 판타스틱 시네마 부문 상영작이다. ▶감독 조던 루빈, 출연 코트니 팜·헛치 다노·레이첼 멜빈, 2014

좀비 버스터 소설

좀비 바이러스가 나타나 괴멸 상태에 이른 지구. 주인공에게 누군가가 게임을 제안한다. 좀비로 가득 찬 세상에서 좀비와 싸워 세계를 구하는 게임. 재도전은 가능하나, 과거의 기억은 모두 리셋되는 조건이다. 계속해서 좀비와 싸우지만 매번 실패하게 되자, 주최자는 새로운 조건을 내세운다. 그동안의 모든 기억과 경험을 가지고, 지옥이 된 서울을 빠져나가는 마지막 게임. ▶온준 지음

좀비 브리게이드 Zombie Brigade 영화

호주에서 만들어진 최초의 좀비영화로 알려져 있다. 놀이동산이 묘지 위에 세워지고, 좀비들이 깨어나면서 사람들을 공격한다. 고어 장면 다수. ▶감독 카멜로 머스카·배리 패티슨, 출연 존 무어·킴 램, 1986

좀비사이드 Zombicide 게임

최대 6명까지 참여할 수 있는 보드게임으로, 플레이어가 생존자 역할을 맡아서 플레이하는 협력 게임. 캐릭터마다 특수 능력이 있다. 좀비를 많이 처치할수록 캐릭터의 능력이 좋아지는 대신, 더 많은 좀비가 나타난다. 유일한 생존 방법은 좀비를 모두 없애는 것뿐이다. 가진 총알 수보다 좀비의 수가 훨씬 더 많기 때문에 다른 플레이어와의 협력이 무엇보다 중요하다. ▶길로틴 게임즈

좀비: 사이먼 거스 Zombie: Simon Garth 만화

미국 앨라배마 버밍햄에 거주하는 워커홀릭 남성 사이먼 거스 씨는 누군가의 원한을 사 부두교의 주술에 걸려 좀비가 되고 만다. 직장 동료이자 사랑하는 여인 레이라가 주술에 관련되어 있음을 깨닫지만 레이라는 한낱 '깃털'일 뿐이다. '몸통'은 한발 앞서 주술에 걸린 레이라에게 다른 사람을 데리고 오면 주술을 풀어 주겠다고 미끼를 던졌고, 사이먼이 재수 없이 걸렸을 뿐이다. 영혼을 잃어버린 사이먼, 감정도 말라 버렸지만 자신을 사랑한 사람들을 아직 기억하고 있다. 게다가 엄청난 자연 치유 능력도 얻게 된다. 그래도 인간으로 돌아가야 한다. ▶ 에릭 파월 지음

좀비 서바이벌 가이드:
살아 있는 시체들 속에서 살아남기 완벽 공략 소설

〈세계대전 Z〉의 맥스 브룩스가 들려 주는, 좀비와의 전쟁에서 살아남는 법. 일단 좀비란 과연 무엇인가부터 시작하여

좀비 서바이벌 가이드

재난이 시작되었을 때 필요한 도구, 피란 요령, 공격과 방어 방법 등 서바이벌에 필요한 모든 것이 담겨 있다. 6만 년 전 중앙아프리카부터 2001년 미국까지, 역사적 기록과 사건들 속에서 보이는 좀비 바이러스의 징후도 분석하고 있는데 그건 믿거나 말거나. 좀비가 나타났을 때의 서바이벌 10계 명 중 몇 개를 들자면, ① 좀비들이 일어나기 전에 뭉쳐라! ③ 머리를 써라, 좀비의 머리는 잘라 버려라! ⑤ 최선의 방어는 딱 맞는 옷과 짧은 머리이다! ⑦ 차 안에서 죽지 말고 자전거를 타라! ⑩ 좀비는 사라져도 위협은 남는다 등이 있다. ▶ 맥스 브룩스 지음

좀비 솔져 War of the Dead 영화

좀비가 현실에 존재한다면, 일종의 생체 병기로 쓰기 위해 만들 것이라는 설이 유력하다. 아군의 병사를 좀비로 만들 수도 있고, 적진에 좀비 바이러스를 퍼트리면 알아서 죽고 죽일 테니까. 그렇다면 그 시원(始原)은 아무래도 나치가 제일 적당하다. 많은 생체 실험의 이력도 있고, 각종 신비주의로 무장해 있었으니까. 리투아니아에서 찍은 〈좀비 솔져〉는 나치가 '좀비 솔져'를 만드는 실험을 했다 폐기했고, 1941년 나치의 벙커에서 '좀비 솔져'가 발견된다는 내용이다. 미군과 핀란드군이 비밀 임무를 띠고 적진으로 가다가 좀비 솔저를 만나 일부만 남고 몰살된다. 남은 병사 둘이 나치의 비밀 벙커로 들어가고 어쩌고 하는데, 사실 내용은 뒤죽박죽이다. 좀비를 어떻게 만든 건지, 나치 벙커에는 누가 있었던 건지 등등이 오리무중이다. 하지만 붕붕 점프하는 좀비 병사들과 싸우는 액션 장면이 가득해서 볼만하다. '왜?'라는 단어만 신경 쓰지 않고 본다면 나름 재미있다. ▶ 감독 마르크 매킬락소, 출연 앤드류 티어난·미코 렙필람피·사물리 바우라모, 2011

좀비 스톰프 Zombie Stomp 음악

오지 오스본(Ozzy Osbourne)은 1970년대 헤비메탈 사운드의 근간을 다진 전설적인 밴드 '블랙 사바스'(Black Sabbath)의 싱어다. 어둡고 음산하며 마력 있는 밴드의 분위기를 결정짓는 목소리로, 그의 존재는 절대적이었다. 블랙 사바스의 창단 멤버였던 그는 총 아홉 개의 앨범을 발표한 뒤 1978년 밴드를 탈퇴, 오지 오스본 밴드를 결성하고 이듬해 스물세 살 청년 랜디 로즈를 영입하는 신의 한 수를 둔다. 거기에 레인보우 출신의 베이시스트 밥 데이즐리, 유라이어 힙 출신의 드러머 리 커슬레이크를 영입해 본격적인 활동에 돌입, "Mr. Crowley", "Crazy Train", "Revelation(Mother Earth)", "Over The Mountain" 등 수많은 명곡을 남기며 메탈 팬을 단숨에 사로잡는다. 물론, 현재는 전설적인 뮤지션의 모습보다 〈오스본 가족〉 같은 리얼리티 프로그램에 나와 쪼잔하고도 웃기는 모습으로 더 많이 대중에 노출되고 있다. "좀비 스톰프"는 1991년에 발표한 'No More Tears'에 수록된 곡이다. "의사는 필요 없어, 그저 내 고통을 죽일 무언가가 필요해 / 이 재앙 속에 날 그냥 내버려둬 / 머릿속에선 악마가 춤을 추며 빙글빙글 돌고 있네"라는 어둡고 우울한 내용의 곡이다. 어둠의 제왕 컨셉트를 가져가기 위해 박쥐를 먹는 퍼포먼스도 불사했던 오지 오스본인 만큼 노래 역시 장엄한 어둠이 가득하다. ▶오지 오스본

좀비 스트리퍼 Zombie Strippers 영화

지저분하고 역겨운 좀비와 스트리퍼는 썩 안 어울리는 조합이지만, 신선한 시체라면 가능할 수도 있겠다. 연구소의 바이러스 유출로 군대가 출동하여 모든 직원을 살해한다. 그 와중에 좀비 하나가 탈출하여 하필 스트립 클럽에 들어가 제일 잘나가는 스트리퍼를 물어 버린다. 그런데 어쩐 일

인지 좀비로 변한 스트리퍼는 더욱 섹시한 춤을 추면서 최고의 찬사를 받는다. 비결을 알아낸 다른 스트리퍼들도 좀비에 물려 더욱더 멋진 공연을 하는 등 말도 안 되는 이야기가 펼쳐진다. 포스터가 보여 주듯 '그라인드 하우스' 스타일의 B급 영화를 작정하고 만들었다. 스트리퍼들이 오히려 좀비가 되기를 갈망하고, 좀비가 되기를 원하지 않는 여인은 오히려 천대받는 따위의 은근한 풍자도 있다. 비록 선정적인 스트립 장면 때문에 그렇게 눈에 들어오지는 않지만. 주연을 맡은 제나 제임슨은 미국에서 가장 유명한 포르노 배우다. ▶감독 제이 리, 출연 제나 제임슨·로버트 잉글런드, 2008

좀비 스트리퍼

좀비 습격 Zone of the Dead 영화

세르비아의 좀비영화. 모티머와 미나는 죄수를 호송하던 도중에 좀비들의 습격을 받는다. 일단 죄수들과 힘을 합쳐 빠져나가기로 약속하지만 상황은 점점 힘들어져 간다. 허술하다. ▸감독 밀란 콘제빅·밀란 토도로빅, 출연 켄 포리·크리스티나 크레브, 2009

좀비 아포칼립스 Zombie Apocalypse 영화

좀비 바이러스가 퍼진 후 인구의 90%가 사라진 미국. 그러나 여전히 소수의 사람들이 안전한 곳을 찾아 사투를 벌인다. 조잡하다. ▸감독 닉 리온, 출연 빙 레임스·타린 매닝, 2011

좀비 아포칼립스: 리뎀션
Zombie Apocalypse: Redemption 영화

인간과 좀비의 비율이 1:10,000이 되어 버린 미래. 군인 출신의 생존자들은 여전히 좀비와 싸운다. ▸감독 라이언 톰슨, 출연 쟈니 겔·프레드 윌리암슨, 2011

좀비 엠파이어 Zombie Empire 게임

좀비 VS 강시. 동양과 서양의 대표 언데드 캐릭터가 출동했다. 둘 중 하나를 본인' 캐릭터로 골라 상대 진영을 완파하는 플래시 게임. ▸4463.com

좀비오 H. P. Lovecraft's Re-Animator 영화

조지 A. 로메로가 〈살아 있는 시체들의 밤〉에서 창조한 캐릭터가 정통 좀비라면, 또 하나의 흐름은 일찍이 H. P. 러브크래프트가 그려낸 '시체 되살리기'에 기초한 좀비가 있다. 〈지옥인간〉을 만들었던 스튜어트 고든이 연출한 〈좀비오〉는 기괴한 공포를 안겨 주는 러브크래프트 특유의 정서로 가득한 걸작이다. 의대생 댄과 허버트는 죽음도 질병처럼 치료할 수 있다고 믿고 실험을 거듭한다. 고양이에서 영안실의 시체까지. 하지만 살아난 시체가 난동을 피우다 주변 사람들까지 죽어 버리고 마침내 영안실의 시체가 모두 깨어나며 엉망진창이 된다. ▶감독 스튜어트 고든, 출연 제프리 콤즈·바바라 크램튼, 1985

좀비오

좀비오 2
H. P. Lovecraft's Bride of Re-Animator 영화

1편에서 8개월 뒤, 허버트와 댄은 전장에서 군의관으로 일하고 있다. 물론 금지된 실험도 계속. 이번 목표는 인간 생명의 근원을 밝히고 완벽한 여성을 창조하는 것이다. 하지만 감독 브라이언 유즈나의 약점은 제대로 된 스토리를 끌어 가지 못한다는 점. 〈좀비오 2〉 역시 난삽하고 관객을 압도하지 못한다. 제목에 'Bride'를 넣은 것에서 알 수 있듯 '프랑켄슈타인' 시리즈를 염두에 둔 속편이다. ▶감독 브라이언 유즈나, 출연 제프리 콤즈·브루스 애보트, 1989

좀비오 3 Beyond Re-Animator 영화

허버트는 감옥에 들어가서도 실험을 계속한다. 이번에는 영혼도 신체의 일부라는 가정으로 실험을 하지만, 역시 예상을 벗어난 기괴한 결말을 초래한다. ▶감독 브라이언 유즈나, 출연 제프리 콤즈·제이슨 배리, 2003

좀비와 결혼했다 Married With Zombies 소설

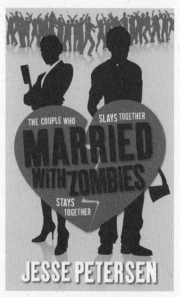

좀비와 결혼했다

좀비 로맨틱 코미디 소설. 너무나 사랑하여 결혼했지만, 지금은 이혼 직전으로 카운슬링이 필요한 사라와 데이비드. 상담을 받기 위해 길을 나서는데 그날따라 이상한 일들이 연이어 벌어진다. 이윽고 자신들의 담당 의사가 환자 목을 찢어 버리는 광경을 목격한다. 이제 좀비와 싸워야만 하는 사라와 데이비드지만, 좀비가 그들의 뇌를 먹지 않아도 어쩌면 서로 죽여 버릴지도 모른다. ▶제시 피터슨 지음

좀비우드 ZombieWood 게임

좀비영화를 찍으면서 좀비를 학살하는 게임. 매 스테이지마다 대본이 주어지는데, 여기에 쓰인 미션을 완료해야 한다. SD버전(이등신)의 캐릭터와 좀비가 움직이는 게임이어서, 고어 요소가 있음에도 코믹해 보인다. ▶게임로프트

좀비 워크 Zombie Walk

좀비 페스티벌. 최초의 좀비 워크는 2001년 8월 19일 미국 캘리포니아 주 새크라멘토에서 열렸다. 처음 축제 이름은 '좀비 퍼레이드'로 한 공포영화 제작사에서 소규모 영화 축제인 '미드나이트 필름 페스티벌'을 홍보하기 위한 이벤트로 출발했다. 이 행사는 첫해부터 성공리에 치러지며 연례 행사로 자리 잡기 시작했고, 2003년 현재의 명칭인 좀비 워크로 정착한다. 해마다 규모가 커지며 이 행사에 동참하는 도시도 늘어났다. 미국과 국경을 마주하고 있는 캐나다의 토론토, 온타리오를 시작으로 밴쿠버에서도 열렸고, 북미 지역뿐 아니라 아르헨티나, 칠레 등 중남미 지역으로도 급속도로 퍼져 나갔다. 대륙을 건너 호주, 싱가포르 등에서도 성대한 좀비 워크가 치러졌는데 참여자의 숫자 또한 해마다 증가했다. 2012년 11월, 미국의 미네아폴리스와 브라질의 상파울루 두 도시가 세계기록 경신을 위해 손을 잡고 좀비 워크를 개최해 총 3만 명이 넘는 사람들이 좀비로 분장

하고 거리를 행진하기도 했다. 이 행사는 그저 좀비처럼 거리를 걷는 것으로 그치지 않는다. 좀비 워크는 좀비의 주요 특징인 '배고픔'과 '뇌 없음'에 착안, 결식아동을 위한 기금과 뇌 질환자를 위한 기금 마련도 함께 진행한다. 모인 기금은 각 개최 도시, 국가의 공신력 있는 단체에 전액 기부한다.

좀비 워크. 캐나다 에드먼턴, 2007. 사진: 마크 마렉

좀비의 시간 만화

이경석의 만화는 첫눈에 '불편'하다. 우선 보통 보아 왔던 만화와는 사뭇 다른 그림체를 가졌다. 원고 용지에 직접 그림을 그리고 수채 물감으로 채색하는 수고스러운 과정을 통해 탄생하는 그의 그림이 낯설다. 하지만 보다 보면 익숙해지고, 어쩐지 친근해지며 중독에 이른다. 이경석의 만화는 그림이 눈에 익어도 여전히 불편한 구석이 남아 있는데, 그중 하나는 높은 수위로 현 세대와 정치를 비판하는 것.

〈좀비의 시간〉은 2007년 만화 월간지 〈팝툰〉에서 〈한겨레〉 ESC로 연재처를 옮기며 그린 1부와 포털사이트 다

217

음 '만화속세상'에 연재한 2부가 있다. 1부는 십몇 년 만에 가족끼리 놀러 간 바닷가에서 갑자기 좀비에게 물린 준수의 이야기다. "좀비에 물린 순간 난 이미 죽어 가고 있다. 물리기 전 나의 삶은 대학을 갓 졸업한 백수에 소심하고 보잘것없는 것이었다. 꽃이 피고 지는지 관심 없고, 동네 꼬마들도 전혀 관심 없고…. 그러나 지금 좀비한테 물려 죽어 간다고 생각하니 떨어진 꽃잎만 봐도 눈물이 난다." 준수의 독백 그대로 준수는 별 볼 일 없는 삶을 살던 청년이었다. 좀비에게 물린 뒤 그는 180° 변해 충만한 삶을 살기 시작한다. 사랑을 하고, 가족의 가치를 깨달으며 취직도(!) 한다. "웃긴 얘기지만, 좀비에게 물리고 나서 더 행복한 사람이 된 것 같아요."

좀비에게 물린 것이 준수에게 자신의 삶을 똑바로 마주하며 자신의 존재 가치에 대해 눈뜨는 고마운 계기가 된다. 그러나 사회에선 여전히 위험한 좀비일 뿐이다. 좀비가 사회적 위협으로 떠오르자 정부는 대대적인 좀비 소탕 작전에 돌입한다. 경찰청장은 자신의 비리를 좀비 사태로 덮어버리기 위해 좀비의 인권(?)을 무시한 채 좀비강제수용소를 만들어 좀비를 범죄자 집단으로 몰아 가고, 자신들의 권리를 위해 광화문 사거리에서 평화 시위를 벌이던 좀비들은 군인과 경찰에 의해 무차별 진압된다.

〈좀비의 시간〉 2부는 조금 다른 국면을 이야기한다. 같은 반 불량 학생 패거리가 전학생 유나를 무차별 구타해 의식을 잃게 만들고, 맨홀 속에 던져 넣는다. 유나와 친해지고 싶었던 문상태는 이 모든 걸 지켜볼 뿐이다. 20년 후. 유나는 영영 돌아오지 못하는 망자가 되었고, 패거리들은 쑥쑥 자라 나쁜 놈 잡는 형사가 되고, 약사가 되고, 정치인의 아들로 살아가며, 회사원이 되어 각자의 삶을 살아간다. 그런데 유나가 어떤 계기로 맨홀 위로 올라와 상태 앞에 나타난다. 20년 전 그날과 꼭 같은 교복을 입고서. 그런데 얼굴은 파랗다. 유나는 버려진 맨홀 속에서 깨어났다가 좀비의 습격을 받고 좀비가 된 것이다. 상태는 20년 전의 일을 바로 잡기 위해 유나를 데리고 달린다. 유나는 다른 이는 가차없이 물어뜯지만 상태만은 예외다. 유나의 존재를 파악한 놈들은 자신들의 죄를 은폐하기 위해 유나와 상태를 찾아 나선다. 끝까지 유나를 지키고 죄의 대가를 치르려 했던 상태가 놈들에게 죽임을 당하자 유나는 복수를 다짐한다. 지하세계의 좀비 커뮤니티로 돌아가 복수에 동참해 줄 것을 부탁한다. 아, 생각이 있는 좀비라니! '뉴타입' 좀비의 출현에 잠시 어안이 벙벙하지만 슬픔과 분노가 뒤섞인 엔딩이 코앞이다. 죽기 직전 남긴 동영상에서 상태는 "나쁜 짓 하면 벌 받으라고!"라는 상식적인 말을 던진다. 당연한 이 한마디가 가슴에 와 꽂힌다. 지금 우리 사회에 외치고 싶은 말이다. ▶이경석 지음, 2007·2011

좀비의 시간

좀비의 역병 The Plague of the Zombies 영화

콘월이라는 마을에서 젊은이들이 알 수 없는 병으로 쓰러져간다. 의사인 톰슨은 도대체 이유를 알 수 없어 의학 교수인 제임스 포브스에게 도움을 청한다. 제임스는 콘월에서 끔찍한 현실을 보게 된다. 이미 죽은 사람들이 오래된 탄광 안에 숨어 있었던 것이다. 제임스는 초자연적인 힘이 개입되었다고 생각한다. 부두교의 마법에 의해 사람들이 좀비가 되고, 주인을 따라 움직이는 존재로 그려진다. ▶감독 존 길링, 출연 안드레 모렐·다이안 클레어, 1966

좀비의 역병

좀비의 왕 King of the Zombies 영화

세 명의 여행자가 기괴한 분위기의 섬에 도착한다. 그 섬에는 외국 스파이들과 함께 일하는 미친 과학자가 좀비를 만들어 조종하는 실험을 하고 있었다. ▶감독 진 야브로우, 출연 딕 퍼렐·조안 우드버리, 1941

좀비의 왕

좀비 108 Zombie 108 영화

대만의 한 도시에 바이러스가 퍼져 좀비가 나타난다. 여느 좀비영화처럼 도시는 아수라장이 되고, 사람들은 살아남을 방법을 찾아 헤맨다. 갱단 보스, 경찰관 등 온갖 사람들이 등장하는데 영화는 도무지 무슨 이야기를 하고 싶은 것인지 알 수가 없다. 좀비 분장도 허접하다. ▶감독 조 쉐인, 출연 모리스 롱·이본느 야오·소나 에얍브, 2012

좀비 자위대 영화

UFO가 한 번 나타나더니 좀비가 출몰한다. 자위대의 사이버 전사 유리가 좀비와 외계인을 물리친다. 일본의 B급 고어영화는 제정신으로 보면 안 된다. ▶감독 토모나츠 나오유키, 출연 와타세 미유·야마사키 준·미히로, 2006

좀비 잼버리 Zombie Jamboree 음악

킹스턴 트리오(Kingston Trio)는 1957년 갓 대학을 졸업한 세 남자(밥 셰인, 닉 레이놀즈, 데이브 가드)가 결성한 포크 밴드다. 밴드 이름조차 없이 작은 클럽에서 공연을 하던 중 젊은 홍보 전문가 프랭크 웨버의 눈에 띄어 레이블과의 계약 이전에 매니저부터 생긴다. 식당 휴지에 계약서를 쓰고 서명하면서 '킹스턴 트리오'라는 이름도 갖게 된다. 좁은 버스에 몸을 구긴 채 이 도시 저 도시 떠돌며 공연하며 인지도를 넓혀 가던 중, 미국 본토에서 떨어진 하와이에 공연을 하러 떠난다. 고향이 하와이였던 멤버들은 편안한 마음으로 공연을 즐기고 있었다. 같은 해 가을, 본토에서 무슨 일이 일어나는지 실시간으로 알 수 없던 그 시절, 갑작스럽게 매니저의 연락을 받는다. "니네들 노래 'Tom Dooley'가 올해의 레코드상을 받을 것 같아"라고. 하와이에서 돌아와 보니 "Tom Dooley"는 이미 전미 1위 히트송이 되어 있었다. 킹스턴 트리오는 1967년 해체 수순을 밟을 때까지 13장의 앨범을 내며 포크사운드의 새바람을 일으켰다. 1963년 발표한 곡 "Greenback Dollar"는 1977년 유심초가 "이것 참 야단났네"라는 제목으로 번안해 많은 사랑을 받기도 했다. "좀비 잼보리"(Zombie Jamboree)는 1950년대 초, 서인도제도의 토바고 섬에서 활동했던 무명 뮤지션의 "Jombie Jamboree"라는 곡을 킹스턴 트리오의 스타일로 편곡한 것이다. 여자 좀비가 남자를 잡으려고 하지만 남자는 좀비 부인을 둘 수 없다고 반항한다는 내용으로 후렴부에 '좀비 잼

버리'(좀비 축제)가 반복되는 흥거운 리듬의 노래. ▶킹스턴
트리오

좀비족

좀비경제의 적용 범위를 한 기업에 국한해 본다면 아무 열
정 없이 월급 도둑으로 살아가는 사람이 좀비경제 현상을
일으키는 주범이다. 이를 좀비족이라 부른다. 여기서 '좀비'
라는 단어는 늘 뒷전에 서 있으며(Zany), 겉멋에만 치중하
며(Ostentatious), 생각이 고루하고(Blowzy), 떳떳하지 못
하고(Intriguing), 즉흥적(Emotional)이란 뜻의 단어 이니
셜을 합성한 것이다.

좀비주식회사 Zombies, Inc. 게임

좀비회사를 운영하며 좀비를 연구하고 키워서 인간을 모두
좀비로 변하게 만들어 세계를 정복하는 플래시 게임. 가진
돈으로 좀비 연구와 생산 밸런스를 맞춰 좀비를 양성하고,
인간들이 공격해 오기 전에 섬멸 작전에 나서야 한다. 마케
팅에도 소홀히 하면 안 된다. 세계지도가 나오는데, 각 대륙
의 주요 도시들이 표시되어 있다. 도시를 클릭하면 도시 고
유의 속성이 나오는데 여기에 맞는 대책을 세워 공략해야
한다. 모든 도시를 점령하면 좀비월드 완성. ▶아케이드 밤

좀비 주택 zombie house

미국의 주택 시장에서 쓰이는 용어로 일반적으로 버려진
주택을 일컫는 말이다. 좀비 주택이 발생하는 메커니즘은
아래와 같다. 은행권에서 주택 담보대출을 얻어 집을 마련
한 마이클은 경기 침체로 회사에서 해고된 후 대출금을 연
체한다. 연체가 1년 정도 이어지자 은행은 마이클에게 주택
을 차압하겠다고 통보하고 경매 절차에 들어간다. 그는 집
을 떠나 다른 곳으로 이주하지만, 은행은 결국 경매를 포

기한다. 떨어질 대로 떨어진 주택 가격 탓에 대출금 회수가 난망인 데다가 경매 과정에서 발생하는 보험료 및 재산세 등 각종 경비를 모두 부담해야 하기 때문이다. 빚에서 해방 되었다고 생각한 마이클은 차압 취소 사실조차 모르고 있 다가 뒤늦게 각종 세금 및 벌금 납부 고지서와 신용 하락, 추심 회사 등으로부터 임금 등을 압류당하는 등의 고통을 당한다. 일정 기간 동안 부과금을 납부하지 못하거나 건물 상태를 개선하지 않으면 마이클은 교도소에 수감될지도 모르는 처지에 빠진다. 이처럼 좀비 주택은 이런저런 이유 로 버려졌지만 새로운 주인을 찾지 못하고 집요하게 원 주 인을 따라다니며 괴롭히는 좀비 같은 존재라는 뜻이다.

좀비 창녀 Zombie Prostitute 음악

'좀 썩긴 했지만 귀여운' 그녀를 돈으로 사 하룻밤을 보내고 나니 좀비 지골로가 되어 버린 남자의 심경을 표현한 노래. 비장한 고딕 사운드라기보다는 트럼펫과 바이올린을 전면 에 사용한 흥겨운 스카 리듬의 곡. ▶볼테어

좀비 카페 Zombie cafe 게임

좀비인 유저가 동네에 카페를 연다. 카페에 손님이 오면 그 들을 좀비로 만들어 일을 시킨다. 손님으로 왔다가 좀비 카 페의 직원 좀비가 된 이들은 '뇌 파이'나 '마녀 샌드위치', '미스터리 스테이크' 등의 해괴한 요리를 만들어 낸다. 일을 시키고, 돈을 벌며 레벨업해서 카페도 꾸미고 마을에 있는 다른 식당에도 쳐들어가 요리 레시피를 강탈해 자신의 카 페 메뉴로 탈바꿈시킨다. 게임 장르가 SNG(소셜 네트워크 게임)라 같은 게임을 하는 온라인 친구와 연동이 되면 그 들이 운영하는 식당을 습격할 수도 있다. 좀 덜 친한 친구 라면 매너 있게 '돈을 낼 테니 요리를 해줘'라고 부탁해도 무방하다. 시간을 들일수록, 게임 친구가 많을수록 돈을 많

이 벌 수 있고, 그걸로 카페를 꾸미고 확장할 수 있어 꾸준히 플레이하도록 만드는 게임. 아이폰과 안드로이드 모두 플레이 가능하다. ▶비라인 인터렉티브 재팬

좀비 테일 Zombie Tales 만화

미국의 붐! 스튜디오에서 펴낸 좀비 단편만화 시리즈. 2008년 4월 1일부터 2009년 3월 1일까지 한 달에 한 호씩 발행해 총 12편이 나왔고, 외전 격으로 2009년 7월 〈좀비 테일: 2061〉 호가 한 권 더 나왔다. 매호 다른 작가들이 각자의 스타일로 짧은 좀비 만화를 그렸다. ▶V.A

좀비 테일

좀비 파우더 Zombie Powder

좀비를 만드는 데 사용하는 가루. 주술에 의해 영혼을 상실하는 게 아닌, 약으로 죽었지만 산 사람 같은 좀비를 만든다. 좀비 파우더의 주성분은 복어에서 뽑아낸 테트로도톡신(Tetrodotoxin, 화학식은 $C_{11}H_{17}N_3O_8$)으로, 고작

0.5mg으로도 사람을 죽일 수 있는 맹독이다. 전신의 신경을 마비시켜 결국 호흡 마비로 사망에 이르게 하는데, 해독제는 없다. 그 외 두꺼비, 자귀나무(합환목), 노래기, 타란튤라(무도 거미), 캐슈(cashew), 인간의 사체 일부와 독이 있는 여러 가지 동식물을 합쳐 황색 분말 형태의 약이 완성된다. 보커가 인간의 상처에 발라 침투시키거나 이를 직접 복용한 사람은 가사 상태에 빠진 후 육체와 정신에 커다란 장애를 입고 좀비가 된다. 가사 상태에 이르면 산소 결핍에 의해 대뇌 전두엽에 손상이 가고, 언어 구사는 물론 이성적 사고를 할 수 없는 상태가 된다. 독소를 희석하는 정도에 따라 소생이 가능하나 극미량의 차이로도 가사 상태를 넘어 죽음에 이를 수도 있다.

동명의 만화도 있다. 일본 소년만화 《블리치》로 유명한 작가 구보 다이토의 4권짜리 초기 작품. 산 자를 죽은 자로, 죽은 자를 산 자로 되돌릴 수 있는 악마의 비약 '사자의 반지'를 얻기 위해 갖은 악행도 마다하지 않는 일명 '파우더 헌터'들의 여정을 그렸다.

좀비파이드 Zombified 폰트

폰트를 배포하는 사이트인 'dafont.com'에 접속하면 좀비파이드 폰트를 무료로 받을 수 있다. 좀비를 연상할 떠오르는 으스스함을 영문 폰트에 녹여냈다. 시니스터 버전과 앤서니 로빈슨 버전이 있는데, 전자는 15만여 명, 후자는 40만여 명이 다운로드했다.

좀비 파티 Zombie Party 폰트

영문 알파벳을 일종의 팬시 폰트로 만든 서체. 뼈, 뇌, 신체 절단 부위 따위로 알파벳을 구성한다. 'dafont.com'에서 무료 다운로드할 수 있다. dafont.com이 제공하는 좀비 폰트 중에는 '좀비 홀로코스트', '좀비 걸프렌드', '좀비 노이즈'

같은 서체도 있다.

좀비 파티

227

좀비 프로세스

리눅스 사용자에겐 꽤나 익숙한 용어다. 좀비 프로세스란 현재 실행 중이거나, CPU를 소모하는 것도 아니면서 메모리의 공간을 소량 차지하며 사라지지 않는 프로세스를 가리키는 말이다. 보통 자식 프로세스의 실행이 완료되면 부모 프로세스가 자식 프로세스의 상태를 리턴 받아 자식 프로세스는 메모리 공간에서 완전히 삭제되는데, 부모 프로세스가 자식 프로세스의 종료 상태를 알지 못하게 되어 좀비 상태(defunct)에 빠지게 되는 것이다. 조금이지만 메모리를 차지하게 되고, 이를 알아채지 못하고 같은 상황이 반복돼 좀비 프로세스가 증가하면 결국 시스템 구동 전반에 악영향을 끼치게 된다. 좀비 프로세스를 없애기 위해서는 부모 프로세스에 'wait' 함수나 'waitpid' 함수를 사용해 자식 프로세스의 리턴값을 수동으로 요구하고, 종료시키면 된다.

좀비 플럭스 Zombie Fluxx 게임

보드게임을 좀 해본 이들이라면 '플럭스'(Fluxx)라는 게임을 들어 본 적 있을 것이다. 미국에서 플럭스는 굳이 보드게임 플레이어가 아니어도 많은 사람이 즐기는 카드 게임 중 하나. 플레이어는 기본 카드의 편성 위에서 한 장을 뽑고, 한 장을 사용하는 규칙에 따라 진행하며 각자 자신의 목표 카드를 달성하기 위해 조합을 만들어야 한다. 여기서 재미있는 점은 새롭게 뽑힌 카드의 규칙이 공개되는 순간 카드의 사용 횟수부터 뽑고 버리는 카드의 장수 등이 바뀌어 금방 게임을 끝낼 수 없게 만든다. 턴마다 게임의 규칙이 바뀔 수도 있는 이 상황을 '키퍼 카드'로 막는데 키퍼 카드는 목표를 맞추기 위해 유지하는 카드로서, 소지자에겐 중요한 카드지만 다른 플레이어에겐 견제 요소가 된다. 좀비 플럭스는 좀비를 테마로 한 플럭스 시리즈다. 테마에 맞는

으스스한 아이템이 담겨 있다. ▶루니랩

좀비PC

해커는 타인의 PC에 침투해 봇 프로그램을 심는다. PC는 바이러스에 감염되지만 사용자는 이를 인식하지 못할 때, 해커는 해당 PC를 원격으로 마음껏 제어할 수 있게 된다. 가령 개인 정보를 훔쳐내거나 여러 대의 PC를 이용해 특정 사이트를 공격하는 따위의 사이버 범죄가 그것이다. 좀비 PC의 증상으로는 부팅 파일이 삭제되어 시스템 로딩이 되지 않거나, 통신망에 문제가 있는 것도 아닌데 인터넷 접속이 갑자기 끊기고, 전반적인 PC의 반응 속도가 감소하는 현상 등이 있다. 이를 해결하기 위해 마이크로소프트를 비롯해 백신 개발 회사에서도 여러 백신 프로그램을 개발하지만, 또다시 틈새를 공략하는 해커들 탓에 '해킹-바이러스 유포-발견-백신 개발-또다시 해킹'순으로 악순환이 반복되고 있다.

좀비 하이웨이 Zombie Highway 게임

좀비의 출현으로 이미 폐허가 되어 버린 세상, 텅빈 고속도로를 무한 질주하며 달라붙는 좀비 떼를 처치하는 아주 간단한 스마트폰용 게임. 믿을 거라곤 차의 성능과 드라이버의 운전 솜씨, 약간의 무기뿐. 플레이를 위해 먼저 레벨을 선택한다. 클래식 모드, 무기 없이 드라이빙 실력만 가지고 좀비를 죽이는 노 웨폰(No Weapons), 시계가 한없이 좁아지는 안갯길(The Mist), 도로 곳곳에 버려진 차들이 거의 눈에 띄지 않는 인적 없음(Less Traveled), '빡센' 좀비들이 득시글대는 하드코어(Hardcore), 앞의 레벨에서 등장하지 않는 '아이스 좀비'가 나오는 눈 오는 하이웨이 프로스트바이트(Frost Bite), 하드코어 이상의 극한 상황의 스웜프드(Swamped), 무기를 무한대로 쓸 수 있는 눈길 인피니트

좀비 하이웨이

아이스(Infinite Ice) 등, 총 여덟 개 레벨이 있는데 처음 플레이를 시작할 때는 클래식 레벨을 선택해 어느 정도의 거리를 주파해 메달을 획득해야 다음 레벨이 열린다. 차량과 무기 역시 마찬가지. 내구성, 스피드, 무게, 핸들링 등의 능력치가 각기 다른 차가 있어 레벨업에 따라 고성능 차와 무기를 사용할 수 있다. 내 차에 달라붙은 좀비는 차량을 흔들어 전복시키려고 하는데 이때 총으로 쏘아 죽이거나 도로에 버려진 차에 부딪히게 해 떨어뜨려 죽이면 된다. 도로에 우두커니 서 있다면 직접 차로 들이받으면 된다. 총 한방, 추돌 한 번으로 죽는 좀비부터 몇 번 쏘아야 떨어져 나가는 큰 좀비, 연속으로 데미지를 가해 곧바로 죽이지 않으면 HP가 도로 차오르는 빨간 좀비, 차를 흔들진 않으나 드라이빙 속도를 느리게 만드는 뚱뚱한 좀비, 크고 무거운 데다 차를 흔드는 힘이 다른 좀비의 몇 배나 되는 까만 좀비, 그리고 눈길 레벨에서만 나오는 아이스 좀비 등이 있다. 총을 쏴서 좀비를 죽이는 게 목적이지만, 기울기 센서를 이용한 드라이빙 실력이 게임을 잘하는 중요 요소다. 버려진 차에 부딪혀 좀비를 떼어 내는 경우, 너무 많이 부딪히면 차량

스피드가 떨어지고, 스피드가 떨어지면 좀비에게 가하는 데미지도 줄어든다. 이때는 두 번이면 죽을 좀비를 세 번, 네 번에 걸쳐 공격해야 한다. 간단하지만 은근히 중독성이 있다. ▶옥스브레인

좀비헌터 만화

1998년 아스펙트 사에서 발행하는 만화잡지 〈월간 빔〉에 연재한 작품. 스토리를 양경일의 단짝인 윤인완이 맡지 않고 일본 작가인 히라이 카즈마사가, 작화를 양경일이 담당했다.

미래의 어느 날, 로키산맥 상공에서 기상 악화로 비행기 추락 사고가 일어나 탑승한 대부분의 사람이 사망한다. 사고 처리팀은 현장에서 엄청난 장면을 촬영하게 되는데, 바로 '지구 밖 생명체'가 인간의 사체에 침투하고 있었던 것. 이 보고가 알려지자 정부는 즉시 '좀비헌터'라는 특수 기관을 만들고 '침략자'에게 오염된 인간, 그러니까 좀비를 제거하는 암살자를 양성하기에 이른다.

주인공 토시오는 전직 GP 레이서로, '살아남으면' 100만 달러를 받기로 하고 서인도제도에 조성된 좀비섬에서 혹독한 생존 시험을 치른다. 호기심과 상금에 혹해 이에 응했지만 사실 미 정부를 주축으로 한 좀비헌터 기관이 용병, 비밀 공작원, 범죄자 등 이질적인 사람 중 생존 능력이 극도로 발달한 사람들을 상대로 헌터로 개조하기 위한 프로젝트였다. 선택지는 딱 둘이다. 죽거나, 살아남아서 좀비헌터가 되거나. 시험이 시작된다. 그러나 이 만화는 결말이 없다. 네 권의 단행본을 낸 뒤 중간에 연재가 흐지부지 끝난 탓이다. 토시오가 어엿한 '좀비헌터'가 되어 활약했길 바란다. ▶히라이 카즈마사·양경일 지음

일본에서 규칙적으로 발간되고 있으나, 한국에서는 4권까지 정식 발매된 이후 그다음 권부터 발매가 중지됐다. 원인은 '유해간행물'로 지정되었기 때문. 한국 독자의 시야에서 사라지고 만 이 비운의 작품의 면면을 살펴보면 확실히 고어의 수위가 높긴 하다. 영유아 살해 장면을 여과 없이 잔혹하게 그려낸 부분은 심의위원회를 충분히 자극할 만하다.

여고생 히메조노 레이코는 남다른 능력을 이용해 용돈벌이를 한다. 그 남다른 능력이란, 죽은 사람을 일시적으로 좀비로 만드는 것. 의문의 죽음을 맞은 시체를 되살려 직접 사인을 찾아내 돈을 번다. 그런데 1권에서 갑자기, 제목에도 이름이 나오는 주인공이, 죽어 버린다! 주인공이 죽었는데, 만화도 끝내야 하나? 주인공을 다시 살리면 만화도 계속 연재할 수 있지. 레이코는 자신에게 '좀비호환술'를 시전

좀비호환사 레이코

한다. 시체 안치소에서 훔친 시체 몸뚱이에 자기 머리를 붙여 좀비로 재탄생한 그녀. 계속 주인공으로 살아남아(?) 여기저기 떠돌며 좀비호환술로 죽음의 원인을 알려 주는 업을 이어 나간다. ▶ 미카모토 레이 지음

좌좀

'좌익 좀비'의 줄임말. 우파의 반대편에 서 있는 좌파라는 의미보다는 마치 좀비처럼 떼 지어 몰려다니는 맹목적인 좌파, 즉 앞뒤 꽉 막힌 '꼴통 좌파'를 비하하는 용어다. 그러나 자주 '그냥' 좌파 혹은 정부 비판자들을 도매급으로 매도하는 용어로 남용되곤 한다. 좌좀의 우파 버전은 '우좀'.

죽은 자를 상대하는 방법 [웹툰]

2014년 2월부터 네이버 웹툰 '도전만화'의 '베스트 도전' 코너에 연재했지만 정식 연재가 아닌 탓에 본업과 연재를 병행해야 했던 작가의 사정으로 연재가 원활하게 진행되지 않았다. 이후 네이버가 아닌 '피키캐스트'와 계약을 맺고 2015년 10월 28일자로 기존 연재분부터 새롭게 연재를 시작했다. 좀비로 초토화된 세상, 거대한 아파트, 그 속의 집, 그 속의 방에서 종말과 마주한 히키코모리 주인공의 시점에서 전개되는 이야기. 상상으로 위기를 가정하고 살아서 집에 있는 자신의 처지에 안심하는 이제껏 보지 못한 신선한 전개. 묵직한 소재와 새털처럼 가벼운 극 진행의 균형감이 좋은 작품. ▶ 내똥은참외 지음

죽음의 날 Day of the Dead [영화]

조지 A. 로메로 감독의 '시체 3부작' 중 세 번째 작품. 〈죽음의 날〉에서 마지막 생존자들은 지하 벙커에서 자신만의 안일을 꿈꾸는 군인들이다. 과학자들은 좀비의 정체를 밝히기 위해 좀비를 사로잡아 실험을 한다. 하지만 폐쇄된 공

간 안에서 살아야만 하는 그들은 조금씩 광기에 사로잡혀
간다. (죽음의 날)에는 조금씩 학습을 하는 좀비가 나온다.
여전히 인간의 살을 먹지만, 약간의 이성을 갖게 되는 것이
다. 그렇다면 이렇게 생각할 수도 있지 않을까? 인육을 먹
는 카니발리즘에는 이유가 있다. 동남아 등지의 식인 부족
이 인육을 먹는 이유는, 죽은 사람의 지혜나 용기를 자신의
것으로 만들기 위한 것이다. 용맹한 적을 먹는 것도 마찬가
지 이유다. (하이랜더)에서 상대의 목을 베면 죽은 자의 힘
과 용기는 살아남은 자의 것이 된다. 어쩌면 좀비의 목적도

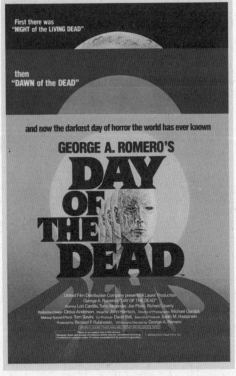

죽음의 날

그것인지 모른다. 인간의 육체를 먹음으로써, 점점 더 인간이 되는 것. 그렇다면 인간과 좀비의 차이는, 그저 심장이 뛰는가 뛰지 않는가의 물리적 차이밖에 없는 것일까? 조지 A. 로메로의 시체 3부작에서, 좀비는 분명 악의 존재다. 좀비를 죽이지 않으면, 자신이 죽어야 한다. 하지만 그 확신은 3부작 마지막으로 갈수록 흔들린다. 인간을 인간으로 만드는 것이 무엇인지, 관객으로 하여금 질문을 던지도록 한다. ▶감독 조지 A. 로메로, 출연 로리 카디에·테리 알렉산더, 1985

죽음의 숲 영화

시리즈로 만들어진 공포영화 〈어느 날 갑자기〉의 네 번째 작품. 산에 놀러간 남녀 다섯 명이 숲의 저주로 인해 좀비로 변한다. 바이러스가 아닌 저주에 의해 좀비가 된다고 하지만 도저히 요령부득하여 무섭지도 않다. ▶감독 김정민, 출연 이종혁·소이현·김영준, 2006

중국 좀비 출현 사건

2012년 6월 29일 중국 언론 보도에 따르면 저장성 원저우시에서 한 남성이 마치 영화 속 좀비처럼 여성을 공격하고 얼굴을 물어뜯는 사건이 발생했다. 피해 여성은 운전 중이었고, 갑자기 가해 남성이 자동차 앞으로 달려들어 앞 유리창을 마구 두드리며 막아섰다. 겁에 질린 여성이 도망가려고 차에서 내린 순간, 여성을 덮쳐 넘어뜨린 뒤 얼굴을 물어뜯어 코와 입술을 먹어 치웠다고. 긴급 출동한 경찰과 시민들이 남자를 제압했지만, 피해 여성은 이미 코와 입술이 잘려나가 성형수술이 필요한 상태였다. 약물 검사를 실시했지만 범인에게 마약 성분은 검출되지 않았으며, 단순히 술 때문이었다고 당국은 발표했다. 이는 같은 달 미국에서 일어난 좀비 사건과 매우 유사한 형태를 띠고 있다.

지구의 마지막 밤: 좀비 게임
Last Night On Earth: The Zombie Game 게임

2007년 발행한 보드게임. 최대 6명까지 게임에 참여할 수 있고, 평균 플레이 타임은 70분 정도로 길다. 플레이어는 좀비와 인간 중 선택할 수 있는데, 어떤 카드를 뽑느냐에 따라 다른 시나리오를 접할 수 있어 여러 번 플레이해도 질리지 않는다. 게다가 게임에 사운드트랙이 포함되어 있어 배경음악으로 틀어 놓으면 몰입도가 더욱 높아진다. ▶플라잉 프로그 프로덕션

지금 우리 학교는 만화

가상의 도시 효산시에 위치한 효산고등학교. 여느 때처럼 수업을 하던 중, 김현주라는 학생이 교실에 들어와 자신이 이틀 동안 감금되어 있었다고 말한다. 자신을 감금한 사람은 다름 아닌 학교 생물 교사인 이병찬. 이병찬은 김현주를 감금하고 모종의 실험을 진행한다. 그리고 그 실험은 효산고등학교와 효산시 전체를 'HS바이러스'로 뒤덮는 결정적인 원인이 된다.

　　HS바이러스는 효산시의 이니셜에서 따온 이름이다. 이 바이러스에 감염되면 좀비화가 진행되는데, 단지 좀비에게 물리는 것으로만 감염되는 게 아니라 좀비에 의해 상처를 입거나 좀비의 피, 체액과 접촉할 경우에도 감염되며, 감염 후 발병 시각은 상처의 깊이에 따라 달라진다. 초기에는 고열을 동반하고 시야가 조금씩 붉게 변하며, 눈이나 코 등의 구멍에서 피가 흘러나온다. 종국에는 눈이 붉게 변하면서 이성과 지능을 잃고 인육을 먹는 좀비가 된다. 작가가 〈28일 후〉를 본 뒤 한국형 좀비만화를 그려야겠다고 결심해서인지, 〈지금 우리 학교는〉에 나오는 좀비는 극강의 파워를 지녔으며, 뛰어다닌다. HS바이러스에 감염되어도 좀비로 변하지 않는 경우도 있다. 극소수의 면역을 가진 사람이 여

기 해당한다. 그러나 면역자도 바이러스의 영향을 완전히 피해갈 수는 없어 가끔 피를 토하거나 사람 피를 보면 식욕을 느끼고 성격 또한 한없이 과격해진다. 일종의 '반감염 상태'가 되는 것이다.

　최초 감염자는 이병찬의 아들이었다. 퇴근하고 현관문을 열자 아들이 엄마를 먹고 있었다. 짚이는 일이라곤 전날 함께 낚시 갔다가 지렁이 같은 벌레에게 물린 것. 무언가에 감염됐다는 생각이 든 그는 생물학 전공자답게 아들을 감금하고 실험을 한다. 혈액을 채취해 학교에서 실험용으로 쓰는 햄스터에게 주사했는데, 마침 김현주 학생이 과학실에 들어갔다가 감염된 햄스터에게 물린 것이다. 이병찬은 사건을 크게 만든 장본인이자 학자로서 사건 해결에 관여할 것으로 보였으나, 압박을 견디지 못하고 초반에 자살해 버린다. 효산고 학생들은 이제 좀비와 함께 학교에 갇히는 신세. 하나둘 좀비에게 공격당하는 가운데 생존을 위한 혈투가 시작된다. 총 131화로 완결된 긴 만화지만 만화 속에서 흐른 시간은 고작 며칠이다. 이로 인해 연재 당시 호흡이 너무 느리다는 독자의 비판도 있었다. ▶주동근 지음

지금 우리 학교는

진나이 토모노리

진나이 토모노리는 개그와 만담의 본고장 오사카에서 엄청난 인기를 얻어 도쿄로 진출한 젊은 개그맨이다. '일본의 미소'라는 애칭을 지닌 일본의 국민 여배우 후지와라 노리코의 마음을 얻어 결혼했을 만큼(현재는 이혼) '능력남'이라는 이미지도 강하다. 아쉬울 것 없는 그가 굳이 한국어를 공부해 한국 코미디 프로그램에 출연했다. 일본에서 인기를 얻은 네타(개그 소재)로 한국말 뉘앙스까지 고려한 코너를 만들었다. 그중 인기 있는 것이 바로 '좀비 게임'. 일본의 개그맨은 보통 2인 1조인 경우가 대부분인 데 반해 진나이 토모노리는 혼자 활동한다. 그래서 그는 네타에 어울리는 영상물을 제작, 화면을 보며 타이밍을 맞춰 홀로 개그를 치고 들어가는 방식을 택했다. 심심한 진나이가 한국말로 "아, 게임이나 해야지" 하며 플레이 버튼을 누른다. 보통 게임이라면 무차별 총격으로 좀비를 물리치는 게 전부지만, 이 게임은 어딘가 이상하다. 공손하게 신발을 벗고 가지런히 정리까지 마친 뒤 공격을 가하는 좀비, 생일 축하파티를 열어 주는 좀비, 하나인 줄 알았는데 알고 보니 뒤에 줄줄이 겹쳐서 춤을 추는 좀비…. 돌발 상황에 맞춘 진나이의 추임새가 압권이다. 일본식 개그에 익숙지 않은 사람들도 어느새 그의 개그에 웃고 만다.

차 · 카

철인 28호 鉄人 28号

1980년부터 1981년까지 일본의 닛폰TV 계열 방송에서 방영한 〈철인 28호〉 애니메이션은 총 51편의 에피소드를 방영했는데, 완결을 얼마 남기지 않고 여름방학 시즌에 스릴러 시리즈를 세 편 연달아 방송했다. 그중 42번째 에피소드가 "괴기! 드라큐라의 저주"이며 43번째는 "사신 좀비의 저주를 받은 철인", 그다음이 "유령의 정체를 밝혀라!"다. 43번째 에피소드 "사신 좀비의 저주를 받은 철인"에서 좀비를 조종하는 부두교 교주가 철인 28호의 적으로 출연한다. 카니발을 앞둔 브라질의 한 마을에서, 실종되었던 마을 사람들이 좀비가 되어 마을을 습격한다. 좀비는 상상 이상으로 강력해 마침내 철인이 좀비를 퇴치하기 위해 출동한다. 철인도 처음에는 좀비의 공격에 고전하다가 실은 좀비의 정체가 부두교 교주가 조작하는 로봇임을 알아낸다. 물러설 수 없는 결전, 늘 그렇듯 철인이 승리하고, 평화를 되찾은 마을에서는 카니발이 열리고 철인의 조종사들도 카니발을 즐기면서 마무리된다.

철학적 좀비 Philosophical-zombie

심리철학 용어로, 겉으로 보기에는 (보통의) 사고를 하는 나와 다를 바 없이 행동하지만 실제로는 어떠한 의식적인 내용을 경험하지 않은 존재를 뜻한다. 그러니까 겉보기엔 하자 없는 인간이나 내면은 의식이 없는 좀비와 같은 상태라는 것. 철학적 좀비도 어쨌든 나와 똑같은 행동 양식을 취할 수 있기에 그것을 구분해 내기 어렵고, 나아가 실제로 철학적 좀비를 경험해 본 적이 있는지 없는지도 알 수 없는데다가, 나 자신이 철학적 좀비인지 아닌지조차도 확인 불가능하다. 즉, 논리적으로는 가능하지만 물리적으로는 설명 불가능한 개념이다. 하지만 경험하지 못했다 해서 그것이 존재하지 않는 것은 아니다. 외계인의 존재를 눈으로 직접 확인하진 못했지만 어떤 과학자도 그 존재를 완전히 부정하지 못하는 것처럼, 논리적 가능성으로 접근해야 하는 개념.

최강병기여고생 리카 最強兵器女子高生 RIKA [영화]

미소녀가 주인공인 B급 좀비영화. 할아버지가 계신 시골 마을에 갔다가 좀비를 만나 한쪽 팔을 잃어버린 리카는 전사의 팔을 이식받아 '최강병기'로 재탄생한다. 최근 일본 B급 좀비영화의 트렌드는 AV배우가 조연 가끔은 주연으로 출연해 '에로그로'(에로스+그로테스크) 향연을 보여 준다는 것. ▶감독 후지와라 켄이치, 출연 쿠도 리사·야마모토 타카시, 2007

최강병기여고생 리카

최후의 인류 Extinction 영화

좀비가 나타나고 문명이 몰락한 9년 후, 강추위가 엄습하지만 좀비는 오히려 더욱 강하고 빨라진다. 안전한 가옥에 피신해 있던 두 남자와 소녀는 좀비들을 피해 어딘가로 도망치려 한다. 좁은 공간에서 벌어지는 좀비와의 대결을 액션보다는 심리적인 갈등으로 표현한다. 좀비들의 액션은 저예산 영화 치고 나름 볼만하다. ▶감독 미구엘 엔젤 비바스, 출연 매튜 폭스·제프리 도노반, 2015

최후의 인류

밀리터리 FPS 게임(일인칭시점 슈팅 게임). 한국에서 본
격적으로 알려지고 많은 유저들이 플레이하게 된 것은 최
초 발매 5년이 지나서 '카운터 스트라이크'(이하 카스) 버
전 1.6을 한국의 게임 회사 넥슨이 퍼블리싱하면서부터
다. 한국에서 인기몰이를 한 큰 이유 중 하나가 바로 좀비
모드. 팀을 나눠 총격전을 벌여 최후까지 살아남아 미션
을 클리어하는 기존의 방식에서 벗어나 미리 심어 놓은 좀
비 캐릭터가 유저를 감염시키고 나아가 우리 편을 감염시
키면 유저와 팀을 공격하는 모드다. 이를 캐치한 넥슨 측
은 좀비 모드에 유지 보수, 업데이트를 집중시킨다. 덕분에
유저들에겐 '좀비 온라인'이라는 비아냥거림을 받기도 했
다. 국내에서 패키지 구입이 힘들었던 이유는 개발사인 밸

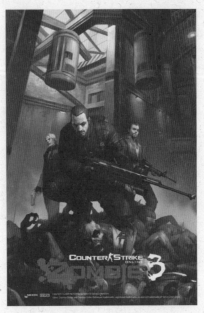

카운터 스트라이크

브와 유통사인 비벤디 사이에 분쟁이 발생해 비벤디를 통해 유통되던 기존 패키지가 모조리 판매 중지됐기 때문이다. 곧 EA가 유통을 맡으면서 재발매되었지만 국내에서는 판매되지 않았고, 한참 뒤에 앤솔러지 패키지(오리지널+1.6+컨디션 제로 합본)로 구매할 수 있게 됐다. 한때 PC방 최고의 인기 게임이었지만, 밸브에서 '스팀'이라는 새로운 온라인 유통 체제를 내놓으며 PC방 요금 부담이 커지자 '카스' 불매운동이 전개됐다. ▶밸브 코퍼레이션

칵테일 좀비 Cocktail Zombie

1930년대에 미국 할리우드의 레스토랑 'Don The Beach-comber'에서 처음 만들어졌다고 한다. '좀비'란 이름이 붙게 된 이유는 이 칵테일을 마신 사람이 "너무 좋아 죽을 것 같아!"라고 말한 것에서 기인한다는데, 설일 뿐 확실하진 않다. 레시피는 꽤 복잡하다. 화이트, 골드, 다크 럼 세 가지가 모두 들어가고 파인애플, 오렌지, 라임, 레몬, 파파야 등

칵테일 좀비

여러 가지 과일 주스를 취향에 맞게 첨가한 다음 마지막으로 알코올 도수 75.5의 강한 럼을 넣고 얼음과 함께 흔들어 섞으면 끝. 바텐더마다 가게마다 각자의 레시피를 갖고 있는 것이 일반적일 정도로 변주의 폭이 큰 칵테일이기도 하다. 과일 주스의 맛이 달콤하지만, 네 종류의 럼이 들어가고 그중 하나는 도수가 75.5°이기에 갑자기 취기가 몰려올 수 있다.

컴플리트 이디엇 가이드 투 좀비
The Complete Idiot's Guide to Zombies 소설

'컴플리트 이디엇 가이드'(The Complete Idiot's Guide) 시리즈 중 하나. 앞서 출간한 것 중에는 뱀파이어, 늑대인간, 초자연적 존재 등이 있다. 좀비에 대한 개론을 비롯해 물렸을 때, 조금 물렸을 때, 살짝 긁혔을 때 어떻게 대처하는지 등 크게 도움이 될 것 같지 않은(결국 좀비가 되니까) 상황까지 세부적으로 나누어 가이드라인을 제시한다. ▶네이든 로버트 브라운 지음

코리안 좀비 Korean Zombie

현재 UFC에 진출한 한국 선수들 중 가장 좋은 성적을 내는 동시에, 팬들에게도 가장 많은 사랑을 받고 있는 이종격투기 선수 정찬성. 그의 별명이 '코리안 좀비'다. 1987년생, 176cm에 66kg의 페더급 체격을 가졌다.

2007년 6월 소규모 종합격투기 단체인 SSF 무대에서 격투기 선수로 데뷔해 2008년 일본의 DEEP으로 옮겨 가 드림, 센고쿠 등의 경기에 출전하며 서서히 이름을 알렸다. 매 경기 화끈한 경기를 선보이는 것으로 유명하다. UFC 하위 단체인 WEC에서 레오나르도 가르시아와의 경기는 장내 아나운서마저 의아해할 정도로 석연치 않은 판정으로 졌지만, 이 경기 하나로 단체를 이끄는 수장인 데이나 화

이트에게 강렬한 인상을 남겼다. 물론 그 경기를 지켜본 모든 관중들에게도. 데이나 화이트는 그를 칭찬하며 'Korean Zombie'라는 문구를 새긴 티셔츠를 입고 다니기도 했다. 코리안 좀비라는 별명은 상대의 공격에 주눅 들지 않고 계속 맞아도, 체력이 떨어질 때가 되어도 거리를 좁혀 나가는 맷집과 근성 덕에 생겼다. 경기를 치를수록 한층 정교해지는 기술과 철저한 자기 관리로 UFC 정식 데뷔 이후 승승장구하고 있다. 정찬성의 인기 비결은 비단 경기 스타일에만 있는 것은 아니다. 이제껏 성사된 최근 몇 개의 매치업에서 정찬성은 단 한 번도 우위로 평가받지 못했다. 그럼에도 드라마틱한 승리를 이끌어 냈다는 점. 그리고 경우를 따지면서도 하고 싶은 말은 하는 그의 거침없는 입담도 주효했다. 겸손함을 미덕이라 여기는 여타 한국 선수들과는 다른 자신감 넘치는 모습에 한국뿐 아니라 미국에서도 팬이 늘고 있다. 완벽하진 않지만, 부끄러운 내색 없이 영어로 답변하는 모습도 플러스 요인. 회자되고 있는 말로는 "I want to Jose Aldo(현 UFC 페더급 챔피언)!"가 있다.

코리안 좀비

코크니 대 좀비 Cockneys VS Zombies 영화

'코크니'는 런던 이스트엔드 지역의 런던 사람을 말한다. 그러니까 〈코크니 대 좀비〉는 이스트엔드 지역의 사람들이 좀비와 맞서 싸운다는 이야기의 영화다. 노동계급의 자식인 앤디와 테리 맥과이어는 할아버지가 거주하는 노인 요양소가 폐쇄된다는 말을 듣고 은행을 털기로 한다. 그런데 하필이면 그때 좀비가 나타나 이스트엔드 지역이 격리된다. 할아버지는 2차 대전 때 나치와 싸웠던 입지전적인 인물이고, 좀비와 당당하게 맞서 '노동계급 영웅'의 진면목을 보여준다. 특수효과도 괜찮고, 느릿느릿 걸어 다니는 좀비와 '찐따' 같은 노동계급 프리터들의 대결. 영국 영화 특유의 조롱과 풍자도 살아 있지만 정작 영화는 재미가 없다. ▶ 감독 마티아스 혼, 출연 미셸 라이언·조지아 킹·해리 트레드웨이·크리스 솜머빌·알란 포드, 2012

코크니 대 좀비

콜린 Colin 영화

런던 청년 콜린은 좀비에게 물려 그 역시 좀비가 된다. 몽롱한 의식 속에서, 무거운 몸을 이끌고 거리를 헤매고 다닌다. 동시에 강렬한 공복감이 밀려와 다른 좀비와 경쟁하며 사람의 살을 뜯어 먹는다. 그리고 어떤 충동으로 걸음을 옮겨 어딘가로 향한다. 10만 원도 안 되는 제작비로 만들었다는 〈콜린〉은 비디오카메라로 찍은 것처럼 화면이 거칠고, 액션 장면도 없으며 고어 장면도 세밀하지 않다. 하지만 〈콜린〉은 좀비영화의 새로운 아이디어를 보여 준다. 콜린은 좀비로서의 강렬한 본능이 있는 동시에 인간으로서의 기억이 미세하게 남아 있다. 〈콜린〉은 콜린의 시점에서 모든 것을 보여 준다. 조지 A. 로메로가 만들어낸 전형적인 좀비이지만, 좀비의 시점에서 보는 세계는 과연 어떨 모습일까. 감독인 프라이스는 "전형적인 좀비로서 콜린을 묘사하는 동시에 관객이 감정 이입할 수 있는 대상으로 그리고 싶었다"라고 말했다. ▶감독 마크 프라이스, 출연 알라스테어 커튼·데이지 에이킨스, 2008

쿠티스 Cooties 영화

좀비가 되는 이유는 갖가지다. 저주와 마법, 바이러스와 생화학무기, 우주에서 날아온 방사선 등등. 〈쿠티스〉에서도 일종의 바이러스가 원인으로 제시된다. 그런데 이 바이러스는 대단히 특이하다. 희한하게도 사춘기를 넘어서면 효력이 나타나지 않는 것이다. 그러니까 아이들만 좀비가 된다는 것이다. 작가가 되고 싶었지만 제대로 꿈을 이루지 못하고 고향으로 돌아온 클린트는 초등학교 교사로 일하게 된다. 첫날에 학창 시절 짝사랑했던 루시를 만난 것은 좋았지만 아이들이 좀비로 변하면서 악몽이 시작된다. 그러니까 말 안 듣고 제멋대로 행동하는 아이들에게 시달린 경험이 있는 사람이 본다면 바로 공감할 수 있는 엽기 코미디 좀비영화가 바로 〈쿠티스〉다. 다만 (좀비인) 아이들을 때리고 차고 심지어 무기로 공격하기도 하는 장면들이 수없이 나오니 불쾌감이 생길 수도 있다. ▶감독 조나단 밀롯·캐리 멀니

쿠티스

쿼런틴 Quarantine 영화

스페인 영화 〈알이씨〉를 할리우드가 리메이크한 영화. 원
작의 좀비 대신 변종 광견병에 걸려 광폭해진 사람들의 습
격을 받는 내용으로 바뀌었다. 이들은 머리를 맞히거나 심
한 데미지를 입히지 않으면 끊임없이 공격해 오는 좀비가
아니므로 적당히 총을 쏘면 쓰러진다. 나름 깔끔한 리메이
크. ▸감독 존 에릭 두들, 출연 제니퍼 카펜터·스티브 해리스,
2008

쿼런틴 2 Quarantine2: Terminal 영화

〈알이씨 2〉와는 전혀 다른 이야기로 만들어진 〈쿼런틴〉의 2
편. 비행기에 좀비 바이러스가 퍼져 공항에 긴급 착륙하지
만 비행기는 원천 봉쇄된다. 비행기 안의 사람들이 하나 둘
좀비로 변하자 공항 전체가 폐쇄된다. 이번 좀비는 꽤 빠르
다.▶감독 존 포그, 출연 조쉬 쿡·브레 블레어, 2011

쿼런틴

크레이지 The Crazies 영화

조지 A. 로메로 감독의 1973년작 〈분노의 대결투〉(The
Crazies)의 리메이크 영화. 미국의 어느 소도시에서 사람
들이 미치기 시작한다. 가족을 죽이고, 친구를 죽이고 미친
듯이 살육을 벌이는 도시. 식수원에 치명적인 바이러스가

퍼졌기 때문이다. 〈크레이지〉는 직선으로 달려간다. 바이러스에 감염되어 마구 살인을 저지르는 사람들 사이에서 도망치는 소수의 생존자들. 그 쫓고 쫓기는 화끈한 추격전이 〈크레이지〉의 모든 것이다. ▶감독 브렉 에이즈너, 출연 티모시 올리펀트·라다 미첼, 2010

크레이지

크로코딜 Krokodil

얼핏 '악어'(Crocodile)를 연상시키는 단어 '크로코딜'(Krokodil)은 2000년, 러시아에서 처음 등장한 뒤 빠른 속도로 확산되어 현재 대륙을 건너 미국에서까지 환자가 나타나고 있는 마약의 한 종류다. 크로코딜의 성분은 데소 모르핀으로, 진통제로 쓰이는 모르핀에 휘발유나 석유, 알코올 등을 넣어 비교적 손쉽게 화학구조를 변형해 만든다고 알려져 있다. 효과는 포근한 느낌과 순간적인 쾌락, 몸이 가벼워지는 느낌을 받는 등 헤로인과 비슷한데, 가격은 헤로인의 1/3 밖에 되지 않아 빠른 시간 내에 이 신종 마약이 널리 퍼질 수 있었던 것이다. 크로코딜의 가장 큰 문제는 이 마약의 투여가 가져다 주는 후유증이다. 어떤 마약이든 중독성이 강하고 이에 따른 신체적, 정신적 후유증을 야기하지만 크로코딜은 특히 중독성이 매우 높고 중독이 될 정도로 투여하고 난 뒤에는 극도로 심한 전신의 통증이 일고, 피부가 녹색으로 변하며 괴사하기 시작한다. 서서히 껍질이 벗겨지고, 괴사하는 피부의 범위가 점점 커진다. 크로코딜 중독자를 치료한 한 의사는 이 마약을 '좀비 마약'이라고 표현했는데, 중독자들이 공통적으로 안고 있는 부작용을 보면 절로 고개가 끄덕여질 것이다. 녹색으로 변해 흐물거리고 썩어 흘러내리는 피부, 사지 말단인 손과 발에서 시작되는 괴사는 점점 몸의 중심으로 퍼져 나가고, 결국 환자들의 대부분은 다리 한쪽 정도는 절단해야 할 정도의 손상을 입게 된다. 마약 판매상들이 크로코딜의 강력한 중독성과 저렴한 가격 때문에 크로코딜을 다른 마약이라 속여 판매하는 경우가 증가하면서, 모르고 구매했다가 크로코딜 중독에 빠지는 케이스 또한 증가 추세라고 한다.

클라이브 바커의 데드 바이러스 The Plague 영화

어느 날 바이러스가 발생하여 9살 이하의 아이들이 혼수 상태가 된다. 10년 뒤, 깨어난 아이들이 어른을 습격한다. 〈헬레이저〉의 클라이브 바커가 제작했으나 악평만 남았다. ▶감독 할 메이슨버그, 출연 제임스 반 데어버그·브래드 헌트, 2006

킬링 플로어 Killing Floor 게임

여타 온라인 게임에 비해 비교적 저렴한 가격 덕인지 초등학생 플레이어도 많은 인기 게임. 6인 이하의 플레이어가 협동하여 떼로 몰려오는 괴물을 처치하고 다음 단계로 넘어가기 전까지 주어진 시간 동안 맵을 훑으며 랜덤한 지역에 위치한 상점에 들러 무기를 구입하고 장비를 갖춰 다음 단계로 나아가면 된다. 캐릭터는 군인이며, 각자 다른 능력치를 가진 군인 중 하나를 선택해 게임을 진행하는데, 여러 플레이어와 함께 미션을 수행할 때는 캐릭터가 겹치지 않게 선택하는 것이 효과적이다.

게임의 배경은 런던. 호라이즌이라는 업체에서 전쟁 무기를 개발할 목적으로 과학자와 결탁해 복제 실험체를 양성하는 비윤리적 실험을 한다. 그러다 그 '실험체'들이 탈출하여 사람들을 무차별 학살하고 도시를 점령하자 국가에서 정예 요원 6명을 투입, 저지하는 내용이다. 쉽게 말해 '좀비 사태'를 수습하는 것. 살아남은 사람을 보호하는 것도 큰 임무인데, 생존자의 면면이 다채롭다. 기본적으로 등장하는 생존자는 주로 군인과 경찰 특수부대 요원이지만, 다운로드 콘텐츠로 추가되는 생존자 중에는 과학자, 경비병에서부터 소설가, 훌리건, 교회 신부 등 저마다의 사연을 갖고 있어 게임 스토리를 보다 풍성하게 만들어 준다. 실험체들은 좀비와 비슷한 유형이 압도적으로 많으며 플레이할수록 특수 능력을 가진 좀비가 출현하는 빈도도 높아진다. ▶트립와이어 인터랙티브

킬링 플로어

파·하

파라노만 Paranorman 애니메이션

유니버셜픽처스 인터내셔널코리아가 수입·배급하고 〈코렐라인: 비밀의 문〉제작팀인 라이카 스튜디오가 제작을, 샘 펠, 크리스 버틀러가 연출한 가족용 호러애니메이션. 2013년과 2014년 사이에 미국과 영국의 아카데미 시상식 장편애니메이션 작품상 후보에 올랐으며 제28회 산타바바라 국제영화제, 제38회 안시 국제애니메이션 페스티벌, 제16회 부천 국제애니메이션 페스티벌, 제24회 자그레브 국제애니메이션 영화제 등 총 8개의 영화제에서 장편 애니메이션 작품상 후보로 노미네이트 된 이력을 가진 작품이다. 남들과는 다른 능력을 지닌 소년 '노만'은 유령을 보고 그들과 대화를 나눌 수 있다. 어느 날 죽은 삼촌으로부터 오랫동안 잠들어 있던 마녀가 곧 깨어날 것이라는 이야기를 들은

파라노만

노만은 가족을 구할 사람은 자기뿐이란 걸 깨닫는다. 무시 무시한 마녀는 어딘가 조금 이상한(?) 좀비들과 함께 노만 의 마을을 습격해 오고, 노만은 이를 막기 위해 떨치고 일 어서지만 사실 알고 보니 좀비들과 마녀에게도 사정은 있더 라, 라는 이야기. 단순한 아동용 호러애니메이션으로 보이 기 쉽지만 가족이 함께 둘러앉아 아이와 함께 보아도 감동 과 교훈을 얻을 수 있을 것이다. ▶감독 샘 펠·크리스 버틀러, 2013

페덱스 FEDEX

세계적인 택배 회사 페덱스의 광고 중 '좀비 아웃브레이 크'(Zombie Outbreak) 편은 전 세계가 좀비 바이러스에 감 염되어 몇몇 사람이 살아남았지만 그들마저 좀비에게 공격 을 당하는 절체절명의 상황을 그린다. 치료제가 없으면 그 대로 좀비가 될 찰나, 문이 열린다. 공포에 질린 생존자들 에게 한줄기 빛과도 같은 한마디, "페덱스입니다." 당당히 치료제를 들고 나타난 페덱스 직원의 등장. 어떤 상황이든 배달을 완수한다는 택배 회사의 업무 수행 능력을 표현한 광고.

폰티풀 Pontypool 영화

〈폰티풀〉의 색다른 점은, 좀비가 되는 이유가 '언어'라는 것 이다. 잘 이해가 안 되겠지만 그것이 바로 〈폰티풀〉이 말하 는 '좀비'다. 폰티풀의 조그마한 방송국에서 일하는 DJ 매 지. 외부에 있는 기자 켄으로부터 좀비가 나타났다는 소식 을 듣는다. 직접 보지는 못했지만 사실 전달을 위해 매지와 PD 시드니는 계속해서 라디오 방송을 진행한다. 오로지 소리만으로 공포를 주는 영화가 〈폰티풀〉이다. 프랑스어를 사용하는 캐나다 지역에서, 영어를 쓰면 좀비가 된다는 설 정은 억지스러운 면도 있지만 그 의미는 제대로 전달된다.

언어라는 것은, 일제강점기에 일본이 한국어를 말살하려고 했던 이유가 그랬던 것처럼, 사람의 정신, 즉 영혼을 지배하는 측면이 있다. 이런 점이 〈폰티폴〉을 대단히 흥미로운 영화로 만든다. ▸감독 브루스 맥도널드, 출연 스티븐 맥허티·리사 하울, 2008

폰티폴

프로 좀비 싸커 Pro Zombie Soccer 게임

축구를 좋아하거나, 좀비물을 좋아한다면 재미있게 즐길 수 있는 스마트폰용 게임. 룰은 간단하다. 공을 찬다. 몰려오는 좀비를 공으로 맞혀 처치하며 골을 넣으면 된다. 플레이하면서 점수를 쌓으면 필살기도 쓸 수 있다. 떼로 몰려오고, 때론 요리조리 피하는 좀비를 잘 맞히는 것이 중요하다. ▸수퍼 어섬 하이퍼 디멘셔널 메가 팀(Super Awesome Hyper Dimensional Mega Team)

플래닛 테러 Planet Terror 영화

〈플래닛 테러〉가 싫다면 아마 이야기는 엉망진창이고 장면들이 끔찍해서일 것이다. 그런데 묘하다. 〈플래닛 테러〉를 좋아하는 사람 역시 엉망진창이고 끔찍해서 좋아한다. 〈플래닛 테러〉는 의도적으로 못 만든 척하는 영화다. 1970년대 미국의 동시상영관 '그라인드 하우스'에서 상영되던 싸

플래닛 테러

구려 영화를 재현하기 위해, 일부러 당시의 스타일을 그대로 패러디하여 만든 영화인 것이다. 스토리는 엉망진창이고, 야하고 폭력적인 장면을 듬뿍 집어넣고, 일부러 필름이 낡아 끊기는 효과까지 써먹는, 아주 기괴하고 유치찬란한 영화. 그걸 즐기는 사람들은, 그 엉망진창을 사랑한다.

　　텍사스의 한 마을에서 사람을 좀비로 만들어 버리는 바이러스가 퍼진다. 감염되지 않은 사람들은 좀비들의 습격에서 살아남기 위해 무기를 든다. 전형적인 좀비영화의 스토리이지만, 〈플래닛 테러〉에서 가장 중요한 것은 한쪽 다리에 기관총을 단 여인이다. 댄서인 체리 달링은 좀비로부터 도망치다가 한쪽 다리를 잘라야 하는 부상을 입는다. 보통 여성이라면 끔찍한 불행에 눈물을 흘렸겠지만, 체리 달링은 오히려 육체적 불행을 여전사로 거듭나는 행운으로 되돌린다. 다리에 기관총을 장착하여, 댄서인 전력을 활용하여 자유자재로 기관총을 발사하는 강력한 여전사로 다시 탄생한 것이다.

말도 안 된다고? 물론이다. 〈플래닛 테러〉에서 논리와 리얼리티를 찾는 것은 무익한 일이다. 〈플래닛 테러〉는 그냥 웃고 즐기자고 만든 영화다. 영화를 고상한 예술로만 생각한다면, 〈플래닛 테러〉는 그냥 쓰레기일 뿐이다. 하지만 영화가 다양한 취향을 만족시켜 주는 (예술인 동시에) 오락이고 상품이라고 생각한다면, 〈플래닛 테러〉는 한없이 즐거운 몽상이고 킬링타임에 딱 적합한 볼거리다. ▶감독 로버트 로드리게즈, 출연 로즈 맥고완·프레디 로드리게즈, 2007

플랜츠 VS 좀비 Plants VS Zombies 게임

PC와 Mac에서 먼저 인기를 얻고 후에 스마트폰 애플리케이션으로 옮겨간 디펜스 게임. 게임은 아주 단순하다. 주인공의 집으로 몰려오는 좀비 떼를 식물이 가진 고유의 특성을 이용해 퇴치하는 것이다. 해바라기는 식물 재배에 필요한 햇빛을 제공하는 동시에 해바라기 씨를 발사하는 능력이 있고, 호두는 몸으로 좀비를 막아 낸다. 체리는 자폭으로 주변 좀비를 한꺼번에 처리할 수 있다. 약 50여 개의 다양한 식물이 있으며, 다양한 활용이 가능하다. 좀비 역시 한 종류만 있는 게 아니다. 점프하는 좀비, 미식축구 좀비, 마이클 잭슨 춤을 추는 좀비까지 20여 종이 넘는다. '플랜츠 VS 좀비 2'가 출시되면서 1편은 무료로 다운로드 받을 수 있게 됐다. ▶팝캡 게임즈

플랜츠 VS 좀비

피어 더 워킹 데드 Fear The Walking Dead 만화 드라마

AMC의 좀비 드라마 〈워킹 데드〉의 인기에 힘입어 제작된 스핀오프 드라마. 드라마 제작에 참여한 로버트 커크만은 〈워킹 데드〉와 〈피어 더 워킹 데드〉의 원작 만화를 그렸다. 〈워킹 데드〉는 보안관 닉 클라크가 아무도 없는 병원에서 깨어나 현대 문명이 좀비의 습격으로 막을 내렸음을 목격하는 것으로 시작한다. 〈피어 더 워킹 데드〉는 지금 좀비가 등장하게 되면 어떤 일이 벌어지게 될 것인지를 상세하게 보여 준다. 보통 좀비영화나 드라마에서 좀비가 나타나 사람을 공격하게 되면 급격하게 액션과 공포가 전개된다. 하지만 〈피어 더 워킹 데드〉는 보통 사람들의 불안과 두려움을 묘사하고 그들이 어떤 생각으로 어떤 행동을 하게 되는지를 보여 준다.

　　배경은 로스앤젤레스다. 교사인 매디슨의 아들 닉은 고등학교를 졸업한 후 마약에 취해 사는 문제다. 이혼한 매디슨은 트래비스와 동거를 시작하지만 각자의 가족 때문에 힘들어 한다. 닉은 언제나 말썽이고, 여고생인 얼리샤도 내켜하지 않는다. 트래비스는 전 부인과 함께 사는 아들 크리스와 사이가 좋지 않아 고민한다. 좀비가 없어도 가족 드라마로 충분한 이야깃거리가 있다. 평범한 듯 평범하지 않

피어 더 워킹 데드

은 일상에서, 좀비가 나타나면서 사건이 시작된다. 거리에서 경찰이 총격을 가해 시민이 사망한다. 비무장이었는데 집중 사격을 한 영상이 유포된다. 시민들이 시위를 벌이고 혼란은 점점 가중된다. 학교에서도 좀비가 나타나고, 친구나 가족이 좀비가 되는 일이 벌어진다. 좀비는 분명히 현실에 존재할 수 없는 사건이다. 기존의 논리와 상식으로 이해될 수 없는 일이 벌어지면 사람들은 일단 자신이 이해할 수 있는 영역과 논리로 모든 것을 해석하려 한다. 좀비가 되어 나를 향해 걸어오는 친구가 보이면 그저 병이 걸린 것뿐이라고 생각한다. 자신이 먼저 공격하지 않고 말을 걸며 받아주려다가 물리기도 한다. 매디슨은 폐쇄된 학교에 갔다가 좀비가 된 동료를 만나고, 결국은 죽이고 만다. 뭔가 끔찍한 일이 벌어지고 있다는 것을 깨닫는다.

집으로 돌아와 닉과 얼리샤를 만난 매디슨도, 전 부인과 아들 크리스를 데리고 돌아온 트래비스도 심각한 일이 벌어졌다는 것을 알고 있다. 직접 경험했다. 하지만 그들은 아이들에게 철저하게 숨긴다. 아무 일도 아니라며, 나가지 말고 내다보지도 말라고만 한다. 정부도 마찬가지다. 위기 상황이 극심해지기 전까지는 구체적인 정보를 숨긴다. 무슨 일이 있는지 일단 숨기고 본다. 진실을 알리는 것보다는 사람들이 모르고 가만히 있는 것이 낫다고 그들은 믿는다. 그리고 가만히 있을 것을 강요한다. 점점 상황이 악화되자 군대가 출동하여 안전한 지역을 확보한다. 그러고도 계속 정보를 은폐한다. 〈피어 더 워킹 데드〉는 〈워킹 데드〉의 아포칼립스가 어떤 상황을 통해 전개되었는지를 보여 주는 드라마다. 제목에 '피어'가 들어간 이유는, 그들 모두가 '공포' 때문에 계속 나쁜 선택을 하고 최악의 상황으로 가기 때문이다. 정보를 제한하고, 자신들의 안위만 생각하는 것. 이 세상에 정말로 좀비가 등장하면 〈피어 더 워킹 데드〉보다도 더 최악으로 흘러가지 않을까. ▸크리에이터 로버트 커크먼, 감독 데이비드 에릭슨, 출연 킴 디킨스·클리프 커티스·프랭크 딜런, 2015

시작은 중국 베이징이었다. 원인을 알 수 없는 좀비 사태는 곧 중국 전역으로 확산되었고, 지원을 위해 중국으로 파견된 미군 의무지원병들마저 좀비에게 물려 미국으로 송환된다. 좀비가 비행기를 타고 미국으로 건너온 것이다. 급속도로 좀비의 땅이 되어 가는 미국. 대통령마저 좀비에 물려 죽자, 대통령 부인과 미 정부는 미국 주요 도시에 핵폭탄을 쏘겠다는 성명을 발표한다. 국영방송으로 생존자들에게 신속히 대피할 것을 당부했지만, 과연 어땠을까. 좀비는 크게 줄어들지 않았다. 방사능 피폭이 오히려 좀비의 능력치 향상에 도움이 됐는지 좀비의 이동속도는 빨라지고, 지능까지 갖춘 변종 좀비마저 등장한다. 군대의 기능도 사실상 마비되었고, 치안은 최악으로 치닫는다. 인류의 멸망이 코앞에 다가왔다.

   J. L. 본은 군 복무 중에 〈하루하루가 세상의 종말〉을 웹으로 연재했다. '좀비가 나타나면 어떻게 살아남을까?' 하는 상상에서 시작한 이 작품은 미 해군 항공대의 현역 파일럿인 주인공이 좀비 사태가 발생한 미국에서 살아남는 과정을 일기 형식으로 보여 준다. 사태에 대해 무지하다가, 경악하고, 공포에 사로잡히고, 현실을 받아들이고, 살아남기 위해 생각하고, 행동에 나서는 모든 과정을 세세하게 기록한다. 어떤 총을 획득해 어떻게 좀비를 처치했는지, 어떻게 그들을 따돌리고 위기를 벗어났는지 등등. 좀비 사태가 실제로 일어난다면 이 책을 숙지한 다음 적힌 대로 하나씩 시도해 봐도 좋을 정도다. 그만큼 좀비를 맞닥뜨리는 온갖 상황, 그에 따른 대처법이 상세하게 나와 있다. '좀비 서바이벌 키트'에 챙겨 넣자. 1권 말미에 '또 다른 이야기: 멸망'이라는 짧은 이야기가 따로 수록되어 있는데 작중 또 다른 인물이 쓴 이 글은 좀비의 원인이 무엇인가에 대한 짤막한 힌트를 준다. 결론은 '바이러스' 때문이라는 것. 2권 말미에는

바이러스의 근원에 대한 비밀이 실려 있다. ▶J. L. 본 지음

하우스 오브 더 데드 House of the Dead 게임

'타임 크라이시스'와 함께 오락실 건슈팅 장르의 양대 산맥을 이루는 게임. 바이러스에 감염돼 좀비로 변한 무리를 물리치며 사건의 원인을 파헤쳐 간다. 1996년 시리즈 첫 편이 발매되었으며 현재 4편까지 나왔다. 첫 편의 설정과 스토리라인을 그대로 따라가는데, 이야기의 큰 줄기는 이렇다. 저택 주변에서 괴사건이 일어나자, 원흉으로 짐작되는 로이 큐리안 박사의 저택에 잠입하라는 지시를 받고 출동한 정부 요원 로마스 로건과 G. 이들이 도착하자마자 맞닥뜨린 건 필사적으로 도망치는 연구원들과 그 뒤를 쫓는 좀비였다. 차에서 내리자마자 연구원을 공격하는 좀비를 총으로 쏘아 처치하지만 연구원은 자신이 훔쳐 낸 큐리안 박사의 연구 수첩을 요원에게 넘겨주고 사망한다. 로건과 G는 본격적으로 저택에 들어가 조사에 착수하나, 몰려드는 좀비 때문에 눈앞의 위험을 피하기 바쁘다. 진실은 저 멀리에 있고 시리즈를 거듭하며 점점 그 핵심에 가깝게 다가간다. 시리즈 한 편당 세 개의 챕터가 있고, 각 챕터 끝에 대장급 괴물이 등장하는데, 절대 강자처럼 보여도 반드시 한 가지 약점이 있으며, 이 약점을 플레이 시에 알려준다. '하우스 오브 더 데드'의 큰 특징 중 하나는 '분기 시스템'을 적용했다는 것. 좀비의 습격을 당하는 사람을 보호했느냐, 죽게 만들었냐에 따라 플레이어는 다른 갈래로 나아간다.

초기 발매 시 아케이드 버전에서는 좀비가 뿜는 피 색깔을 적색, 녹색, 청색, 보라색 네 종류 중에서 선택이 가능했다. 일본에서 적색이 지나치게 폭력적이라는 항의를 받은 후 녹색으로 통일했으며, 후속작에서는 녹색 피로 고정된다. 시리즈 3편이 나오고서야 피 색깔 설정을 적색으로 변경할 수 있게 됐는데 게임의 잔혹성 때문에 일본과 한국

에서 또다시 문제가 되었으나 게임이 엄청난 성공을 거두며 유야무야됐다. ▶세가

하우스 오브 더 데드

하우스 오브 더 데드 House of the Dead [영화]

원작 망치기로 유명한 감독인 우베 볼의 영화. 좀비로 뒤덮인 섬에 들어간 젊은이들의 고난을 그린 영화. 게임의 인기에 힘입어 영화로도 제작되었는데, 꼭 여럿이서 보길 권한다. 혼자 망하면 억울하다. ▶감독 우베 볼, 출연 조나단 체리·클린트 하워드, 2003

하프 라이프 HALF-LIFE [게임]

"뛰어, 생각해, 쏴, 생존."(Run. Think. Shoot. Live) '하프 라이프 1' 발매 당시의 광고 카피다. FPS 게임(일인칭시점 슈팅 게임)에 이보다 더 직관적이고 뛰어난 홍보 문구는 없다고 생각한다. 1998년 11월 발매되어 그해 게임 관련 상을 휩쓴 수작. MIT 박사 출신의 이론물리학자 고든 프리맨은 자신이 근무하던 블랙메사연구소에서 실험 도중 예기치 못한 사고로 공명폭포현상(Resonance Cascade)과 맞닥뜨리게 되고, 연구소는 순식간에 '젠'(Xen)에서 넘어온 괴

물로 아수라장이 된다. 고든은 최선을 다해 사태를 수습해 보려 하지만 정부는 사건을 은폐하기 위해 '유해환경 전투부대'를 투입해 연구소 내 생존자들과 괴물을 함께 사냥하기 시작한다. 고든은 천신만고 끝에 군대의 저지선을 뚫고 괴물의 근거지인 젠으로 이동해 우두머리 니힐란스를 쓰러뜨린다. 이후 의문의 남자 'G맨'에게 스카우트 제의를 받아 이공간(異空間) 속으로 들어간다. 현실보다 시간이 더디게 흐르는 이공간으로 들어가며 끝을 맺는 게 시리즈 1편의 엔딩. 그 후 약 20년 뒤의 이야기가 '하프 라이프 2'에서 이어진다. ▶밸브 코퍼레이션

하프 라이프

헤켈의 공포 Masters of Horror: Haeckel's Tale 드라마

죽은 자의 소생에 지대한 관심을 가진 의대생 헤켈의 이야기. 클라이브 바커의 원작을 〈헨리 연쇄살인자의 초상〉의 존 맥노튼이 연출했다. 갖가지 기괴한 이미지가 가득하지만 그 이상은 없다. ▶감독 존 맥너튼, 출연 데릭 세실·존 볼리트, 2006

헬드라이버 ヘルドライバー 영화

〈도쿄잔혹경찰〉을 만들었던 니시무라 요시히로의 좀비영화. 홋카이도에 떨어진 운석에서 나온 유해 물질이 일본 동북부 지역을 덮친다. 그 영향으로 그 지역 주민이 모두 좀비가 된다. 일본 정부는 수도권 주변에 거대한 장벽을 쌓아 감염자 유입을 막는다. 〈헬드라이버〉의 헤로인은 전기톱으로 된 칼을 들고 활약하는, 인공 심장을 장착한 여고생 키카. ▶감독 니시무라 요시히로, 출연 아사미·노먼 잉글랜드, 2010

헬로 좀비 웹툰

프롤로그와 에필로그 포함 총 68화로 완결된 '코믹 하드고어 코믹스'. 목이 잘리고 뇌가 뽑혀도 죽지 않는 좀비 여고생 '트레이시', 사람 목을 잘라 소장하고 사람을 죽여 친구로 만드는 사이코 소녀 '바네사' 콤비의 귀엽고(?) 발랄하며(?) 괴기스러운 일상을 다룬 만화. 〈헬로 좀비〉는 대부분 국내 웹툰 작가들과 확연히 차별화된 그림체로 먼저 이목을 집중시킨다. 미국 TV애니메이션 〈파워 퍼프 걸〉 같은 단순하면서도 분명한 선, 화려한 원색을 주로 사용한 색채감이 독자에게 낯설음과 동시에 신선하다는 평이 주를 이루었다. '귀여운' 그림체와 극명한 대비를 이루는, 상식과 상상을 가볍게 뛰어넘는 시니컬하면서도 엽기적 세계관이 절묘하게 어우러진 괴작. ▶미미 지음

홈커밍 Homecoming 드라마

드라마 〈마스터즈 오브 호러〉의 한 에피소드. 〈그렘린〉의 조 단테가 감독을 맡았다. 대통령 후보들의 토론회에서 한 여인이 이라크에서 죽은 자신의 아들에 대한 이야기를 꺼낸다. 그러자 한 정치인이 말한다. 그들이 살아 돌아와 얼마나 위대한 일을 한 것인지 직접 말하면 좋겠다고. 말이 씨가 되어, 본국으로 송환된 시체들이 일어나기 시작한다. 그들이 원하는 것은, 사람의 살이 아니라 투표권. ▶감독 조 단테, 출연 존 태니·로버트 피카드, 2005

화이트 좀비 White Zombie 영화

최초의 좀비영화로 알려져 있다. 짝사랑하는 여인의 마음을 사로잡기 위해 주술사를 찾아간다. 하지만 주술사는 그녀를 좀비 노예로 만들어 버린다는 이야기. ▶감독 빅터 핼퍼린, 출연 벨라 루고시·매지 벨라미, 1932

후안 오브 더 데드 Juan of the Dead 영화

후안 오브 더 데드

쿠바에 좀비가 나타나자, 후안은 '좀비 청부살인 사업'을 계획한다. 사랑하는 사람이 좀비가 되어 차마 죽일 수 없을 때 대신 해 주겠다는 것. 후안은 가족과 재회하기 위해 열심히 일하지만, 좀비를 죽이는 일이 결코 쉽지 않다. 꽤 흥미로운 좀비 코미디. 스페인과 쿠바의 합작영화라는 점도 관심을 끈다. ▶감독 알레한드로 브뤼게, 출연 알렉시스 디아즈 드 빌리가스·루이스 알베르토 가르시아, 2011

히든 Hidden 영화

1년여를 지하 대피소에서 살아온 가족이 있다. 그동안 다른 사람들을 만나지 못했고, 바깥 세상에 좀비가 창궐한 후 모든 것이 끝났다고 믿고 있다. 위에는 오로지 좀비만이 남아 있을 것이라고. 사고로 대피소에 화재가 나면서 위기가 찾아온다. 하지만 반전은 흔히 생각하는 것과는 전혀 다른 방향으로 흘러간다. 좀비라는 존재가 과연 무엇인지, 그들은 과연 누구인지를 다시 한번 생각할 수 있게 하는 독특한 설정의 영화다. ▶감독 맷 더퍼·로스 더퍼, 출연 알렉산더 스카스가르드·안드레아 리즈브로, 2015

히든

히스토리 이즈 데드: 좀비 선집
History Is Dead: A Zombie Anthology 논픽션

인류 역사에 감추어진 좀비 이야기. 살을 뜯어 먹는 좀비가 아니라 전쟁터, 국경의 쇠락한 마을, 전염병이 도는 도시에는 늘 비틀거리는 '좀비'가 있었다. 학교에서 가르쳐 주지 않는, 역사책에도 기록되지 않은 좀비 이야기를 찾아낸 논픽션. ▶킴 패퍼노스 지음

WWE: Ring of the Living Dead

국내에도 수많은 팬을 보유하고 있는 인기 프로레슬링 단체 WWE(월드 레슬링 엔터테인먼트)는 2008년부터 매년 할로윈 시즌에 WWE 슈퍼스타를 모아 좀비 화보를 찍는다. 토미 스크리머, 혼스워글, 헬 레이지드 미스테리오 같은 남성 레슬러뿐 아니라 미모의 여성 레슬러인 올 할로우즈 에바, 리고르 모트리아, 데스 피닉스 등도 좀비가 되길 주저하지 않았다. 여기에 한 명 더, 원조 데드맨 언더테이커만은 분장 없이 촬영했다. 장의사인 그가 있어야 좀비들을 지하세계로 데려갈 테니까.

XXXombies 만화

할리우드 중흥기였던 1977년 로스앤젤레스, 포르노 제작자인 중국계 미국인 웡 홍 라우는 돈에 대한 집착 탓에 누

XXXombies

구보다 열심히 포르노를 만든다. 주말에도 정신없이 세트를 지어 촬영에 임한다. 밖에서 무슨 일이 벌어지는지도 모른 채 촬영에 열중하던 라우 일행은 뒤늦게 좀비가 비행기에 난입해 상공에서 인육 파티를 벌인 끝에 비행기가 추락했다는 소식을 접한다. LA의 혼돈을 틈타 갱스터는 금품을 갈취하고, 라우는 목숨과도 같은 포르노 회사를 지켜야하는데, 웬 총을 든 사내가 "내 딸 구해야겠다"며 세트장에 나타난다. 이 얘기는 어디로 흘러가는지, 포르노는 마저 다 찍는지, 좀비로부터 살아남을 수 있을지, 참으로 관전 포인트가 많은 화끈한 좀비 코믹스. ▶릭 리멘더·키에른 드와이어 지음

ZMD: 좀비 오브 매스 디스트럭션
Zombies of Mass Destruction 만화

영화 〈언더월드〉를 만든 케빈 그리비스가 스토리를 쓴 호러·좀비·전쟁 만화. 중동은 매일같이 전쟁 중이다. 하늘에 뜬 F-117 스텔스 전투기가 이상한 캡슐을 투하하고 사라진다. 지상에 떨어진 캡슐은 하얀 연기를 내뿜으며 열리고, 그속에서 무언가 나온다. 바로 좀비를 전장에 투입한 것. 느릿느릿 걷는 좀비는 전투 중인 아군 적군 가릴 것 없이 물어뜯고, 한 명도 남지 않을 때까지 먹고 또 먹는다. 날이 밝을 때까지 멈추지 않는 좀비는 햇빛을 쬐자 모래가 되어 버리고, 뒤이어 미군이 헬기를 타고 나타나 유류품을 전량 회수해 간다. 그 자리에서 전쟁은, 일어나지 않은 것이 되었다. 여기서 끝날 줄 알았지만 개체 수가 많으면 돌연변이도 생기게 마련. 햇빛을 쬐고도 죽지 않은 좀비가 살아남아(?) 도망친 것이다. 회심의 생체 병기가 만천하에 드러나게 될 위기를 맞아, 미군과 정부는 돌연변이 좀비를 찾아야만 한다. ▶케빈 그리비스·제랄드 보르쥬 지음

ZMD: 좀비 오브 매스 디스트럭션

ZMD: 좀비 오브 매스 디스트럭션
Zombies of Mass Destruction 영화

2010 애프터다크 호러페스트에 출품된 저예산 좀비영화. 군부대 투입 장면에서 헬기 장난감을 등장시키는 따위의 전형적인 B급 영화인데, 동성애자 주인공을 등장시켜 미국 사회의 차별과 폭력을 노골적으로 씹어 댄다. 지극히 저예산이라는 것을 감안하고 코미디에 집중해서 보면 흥미로운 영화. ▶감독 케빈 헤임다니, 출연 자넷 아맨드·더그 팔, 2009

1호선 웹툰

2013년 제5회 다음 만화속세상 공모전 대상작으로 예고편과 후기 포함 총 68화로 완결된 좀비 아포칼립스물. 많은 사람들이 '신종 감기'에 걸린 뒤 '감염자'가 되고, 이윽고 서울은 폐허가 된다. 많은 사람들이 '그' 감기를 앓을 때 주인공 서지원 또한 일주일을 꼬박 앓았는데, 그 사이 세상은 이전과 완전히 달라졌다. 국가는 국민을 버렸고, 거리는 텅비었다. 혼자 살고 누구와 접촉하지 않았던 지원은 감기에서 깨어났을 때 한쪽 눈의 홍채만 파랗게 변한 사실을 모르고 있었는데, 감기에 면역이 생긴 사람은 양쪽 눈이 파랗게 변한 '면역자', 이겨내지 못하고 홍채가 빨갛게 변한 사람은 더 이상 사람이 아니게 된 '감염자'로 분류하고 있었다. 그의 한쪽 눈만 파랗게 변한 것은 바이러스가 없고 감염자에게 물려도 감염이 일어나지 않는 특이 케이스라는 것이 이후 밝혀진다. 어쨌든, 지하철 1호선 독산역 인근에 사는 지원은 연락이 닿지 않는 여자친구를 찾기 위해 망월사역까지 선로를 따라 걷기로 한다. 각 지하철 역마다 지원이 맞닥뜨리는 사건의 중심인물이 등장하며, 그때마다 지원은 위험에 처했다 구사일생으로 빠져나가고, 혼자 있을 때 몰랐던 일련의 상황들을 퍼즐 맞추듯 조금씩 알게 된다. 각 지하철역이 등장함에 이른바 '철도 마니아'들에게 적지 않은 관심을 받았고, (1호선) 연재 요일이었던 월요일 최고 인기 웹툰으로 손꼽혔지만 개연성이 떨어지는 결말이 작품 전체의 질을 떨어뜨렸다는 것이 중평. ▶이은재 지음

1000 ZOMBIES

2011년 출시된 안드로이드 폰의 설정 메뉴에 들어가 휴대전화 정보를 클릭한 다음 안드로이드 버전 정보를 마구 누르면 숨겨져 있던 이스터에그가 나온다. 이름하여 'Zombie Art'. 안드로이드의 아이디어도 깜찍하지만, 휴대전화로 통

화 중인 좀비를 배경으로 삐죽 서 있는 안드로이드를 그린 사람은 누구일까? '1000 Zombies' 시리즈를 진행 중에 있는 아티스트 잭 라슨이다. 그의 주요 작업은 1,000장의 좀비 연작 유화. 한 장 한 장 다른 좀비의 초상이 담겨 있다. '1000zombies.wordpress.com'에서 넘버태그가 붙은 오리지널 페인팅을 구경할 수 있고, 소장하고 싶다면 블로그에 링크된 이베이에서 구입할 수도 있다.

28분 후, 무한도전 예능

2008년 8월 2일 방영한 〈무한도전〉 여름 특집, "28년 후". 영화 〈28일 후〉의 패러디로 '28년 후'라 이름 붙인 이 특집은 48대 촬영카메라, MBC 본사 특수분장팀 총동원, 〈무한도전〉의 모든 작가가 참여한 매머드 기획이었다. '분노 바이러스'에 감염돼 좀비가 된 사람들을 구하기 위해 김 박사가 개발한 백신을 UN 질병본부에 전하라는 미션을 받은 무한도전 팀. 결과는 미션 실패. 시작부터 엇박자로 시나리오와 단 하나도 맞지 않게 움직이더니, 백신을 구하러 들어간 유재석이 겁에 질려 백신이 든 시험관을 떨어뜨려 깨버리면서 순식간에 미션 수행 불가 상태에 빠진다. 제작진도 당황한 결말이 벌어지자 '28년 후'를 '28분 후'로 슬쩍 바꿔 넣었다. 뒤이어 나오는 자막 "죄송합니다. 제작진은 현재 경위서를 작성 중에 있습니다." ▶ MBC

28일 후 28 Days Later 영화

〈트레인스포팅〉을 만든 후 할리우드로 진군했던 대니 보일 감독은 쓸쓸하게 영국으로 돌아왔다. 그리고 자신의 장기인, '달리는' 영화를 만들었다. 정확히 말하면 〈28일 후〉의 그들은 좀비가 아니다. 그들은 병자이며, 치명적인 이유로 인간이기를 포기한, 혹은 영혼을 박탈당한 존재다. 살아난 시체가 기독교적 내세관에 따른 '종말'이라면, 〈28일 후〉의 좀비는 인간이 만들어 낸 문명 이면에 존재하는 야만성의 적나라한 얼굴이다. 과거 조지 A. 로메로가 만들어 낸 좀비는 살아난 시체이지만, 대니 보일이 창조한 21세기의 좀비는 육체가 살아 있는 대신 이성과 영혼을 잃어버린 현대인이다. 〈28일 후〉는 좀비영화의 문법을 바꿔 놓는다. 초자연적인 힘이 아니라, 인간이 통제할 수 없는 분노 바이러스에 감염된 그들은, 인간으로서의 모든 것을 잃어버린 동물 같은 존재가 된다. 야수처럼 빠르고 강인하며, 오로지 본능에만 충실하게 움직이는 새로운 좀비는 이제 어기적거리며 밀려드는 이계의 괴물이 아니다. 에이즈 바이러스에 감염되거나 인간 광우병에 걸릴 가능성처럼, 산 채로 좀비가 되어 버리는 인간은 언제라도 변할 수 있는 우리의 이웃이다. 그래서 더욱 끔찍하고, 더욱더 희망은 없다. ▶감독 대니 보일, 출연 킬리언 머피·나오미 해리스, 2002

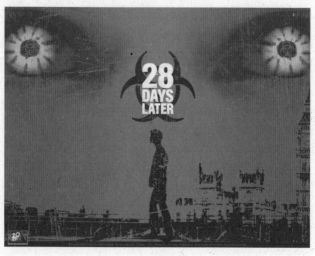

28일 후

분노 바이러스가 퍼진 6개월 후, 영국은 완전히 폐쇄되었다. 생존자들은 안전지대를 찾아간다. 좀비영화의 일반적인 공식대로, 살아날 길은 전혀 없다. 아내, 엄마, 아빠가 분노 바이러스에 감염되어 좀비로 변해 가는 상황에서 그들에겐 어떠한 선택지도 없다. 〈28주 후〉는 더욱더 암울하다. 군대가 장악하고 있지만 좀비를 물리칠 방법은 없다. 〈28주 후〉는 폐허가 된 런던을 보여 준다. 단지 비어 버린 도시가 아니라, 문명의 종말을 은유하는 장면이다. ▶감독 후안 카를로스 프레스나딜로, 출연 제레미 레너·로즈 번·로버트 칼라일, 2007

찾아보기

게임

드라마, 소설

만화, 웹툰, 애니메이션

영화

음악

INDEX